第1章

実験器具の基本操作

1-1 実験の準備

POINT 授業で実験を行う際には、事前にしっかり準備しておくことが重要です。起こり得る危険を想定して備えておくことや、必要な備品をそろえること、身だしなみの確認、使用する器具の点検を怠らないようにしましょう。また、予備実験で指導のポイントや実験の危険性を確認することも重要です。

1-1-1 実験室の準備

理科実験では事故を起こさないために万全を尽くすのですが、不測の事態が発生して事故が起こることもあるので、万が一のために以下の準備をしておきましょう。

（1）乾いた砂を金属バケツに用意しておき、油類に引火したときは水ではなくこの砂を掛けて消火します。

（2）ポリバケツを流しに用意しておき、頭に試薬が掛かったときにはこのバケツを使って頭に水を掛け、試薬を洗い流します。

（3）目洗い器を用意しておき、目に薬品が入ったときはすぐに目を洗浄します。

（4）製氷器か冷凍庫に氷を用意しておき、やけどをしたときはただちに氷で冷やします。

（5）救急箱を常備し、消毒液、滅菌ガーゼ、ばんそうこう、包帯などでやけどや切り傷の応急手当ができるようにしておきます。

（6）もし、（3）、（4）、（5）が起こった場合は、この応急手当の後に保健室ないし医務室に行かせ、その後の処置を受けさせます。

（7）火を用いる実験の場合には、各実験台上にぬれ雑巾を準備しておき、小さな火災が発生したときにはこのぬれ雑巾を掛けて消火します。

第1章 実験器具の基本操作

1-1-2 実験前の準備

①作業の準備

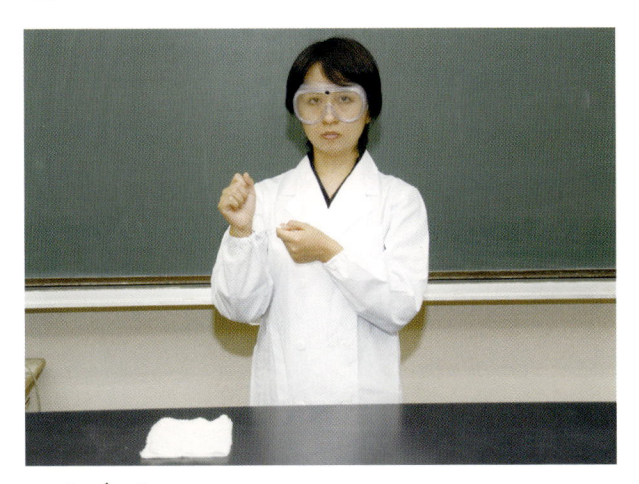

　実験を行う際は、溶液や試薬の付着および炎から体を守る意味で、作業準備を必ず行います。着衣は耐熱・耐薬品性に優れた綿または綿主体のダブルタイプの白衣を着用し、器具が引っ掛からないように袖口を締めておきます。肩より長い髪は必ず束ね、目を保護するために安全メガネを着用します。実験台上には必要な物をすべてそろえた上で、手順に従って実験を行います。

注意！

台上に不要な物を置かない
器具類が雑然と置かれていると、思わぬ事故を誘発します。

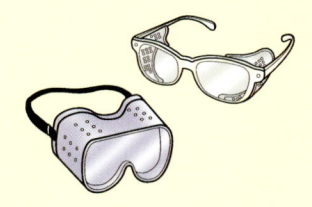

安全メガネの着用を推奨
裸眼の場合は必ず着用します。
※コンタクトレンズ装着者は安全ゴーグル

肩より長い髪は束ねる
液体の髪への付着や、髪が炎で燃える危険を避けます。

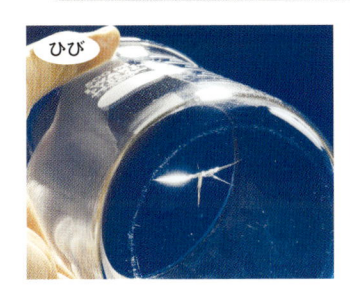

ひび　欠け

　使用するガラス器具は入念にチェックし、ひびや欠けがあるものは除きます。ひびのあるガラス器具は加熱中に破損の危険があり、欠けた器具は、取り扱う際に切り傷を受ける危険があるためです。

②予備実験で危険性を確認

　生徒実験を行う場合、事前にまったく同じ操作を一通り行い、実験が授業時間内に余裕を持って終わることを確認します。その中で生徒が間違いやすい部分や危険度の高い部分がないかを確認し、実験前の説明に必要な項目をチェックします。また、実験の目的に沿った観察ポイントを確認しておき、実験のねらいの説明時にはそのポイントを生徒にしっかり伝えることが大切です。万が一事故が起こっても、危険性を認識していれば素早く対処できます。

1-2　測る

1-2-1　液体の体積を測る

POINT　体積を測るガラス器具は、乾かす必要がある場合には自然乾燥で乾かし、決して加熱乾燥をしてはいけません。

①メスシリンダーで測る

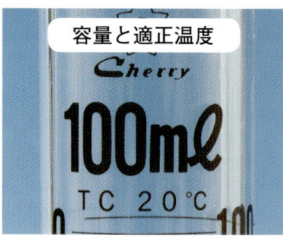

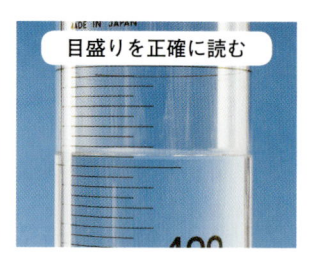

容量と適正温度

目盛りを正確に読む

メスシリンダーは、任意の液体の量を測る器具です。容量によって最小目盛りと公差があるため、測りたい量と精度に合わせて器具を選んで使用します。メスシリンダーを水平な台に置いて、目線を液面と同じ高さにして目盛りを読みます。

②駒込ピペットで測る

① 小指、薬指、中指で垂直に持つ

親指と人さし指でゴム球を押しつぶしたまま先端を液体に入れます。

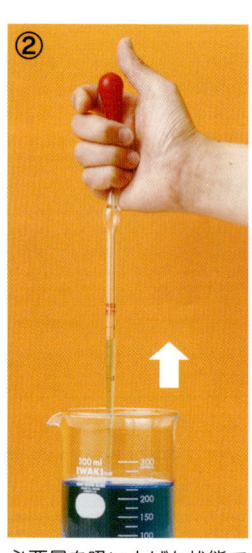

② 必要量を吸い上げた状態で止め、先端を空気中に上げます。

③ 先端から少量の空気を吸い込み、平行移動します。

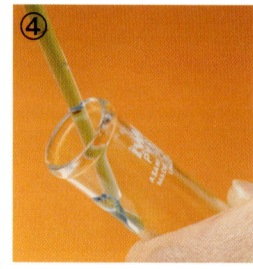

④ ゴム球を押しつぶし、ピペット中の液体を押し出します。

注意！ 
ゴム球をガラス先端より下に傾けてはいけません。 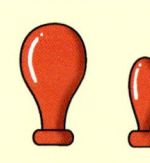
ゴム球は、駒込ピペットに合わせた大きさを選びます。

③メスフラスコの使い方

　溶液のモル濃度（p.39参照）を定めるなど、一定量の液体を厳密に測る場合はメスフラスコを用います。水溶液を作る場合、メスフラスコを純水でよくすすぎ、ぬれた状態で使用します。

①②溶質を少量の純水で溶解してメスフラスコに入れます。

③④容器を純水で洗い、その水をメスフラスコに入れます。

⑤純水を目盛り線まで加えて、溶液の量を正確に整えます。

⑥栓をして溶液が均一になるようによく混ぜます。

測定器具の使い分けと注意

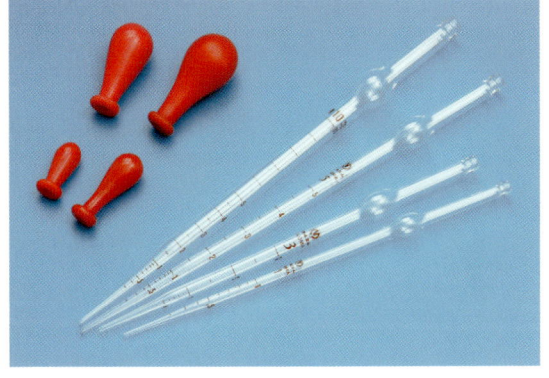

　10mL以上1000mL（1L）までの液体を測る場合には、メスシリンダーを用います（下表）。10mL以下の液体を測る場合は、駒込ピペットが適しています。水に溶質を溶かして任意のモル濃度の水溶液を作る場合は、メスフラスコを用います。いずれも、目的に合ったサイズを選ぶようにします。

容量（mL）	10	50	100	200	300	500	1000
最小目盛り(mL)	0.1	0.5	1.0	2.0	2.0	5.0	10.0
公差（mL）	± 0.2	± 0.5	± 0.5	± 1.0	± 1.5	± 2.5	± 5.0

1-2-2 質量を量る

POINT　「質量」は、分銅で量る値を指し、上皿てんびんが適しています。電子てんびんの値は「重量」であり、場所によりわずかに変化します。

①上皿てんびんの使い方

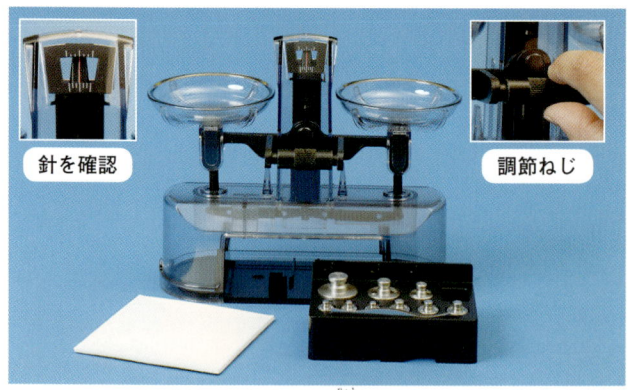

針を確認　　調節ねじ

水平な台にてんびんを置き、両側に秤量皿をのせて、針の揺れが左右等しくなるように調節ねじを調整します。

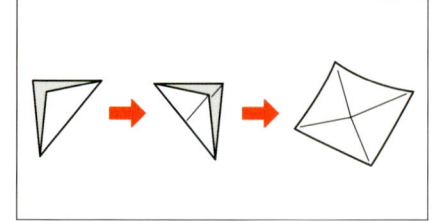

薬包紙はまず対角線で二つ折りにして広げ、逆の対角線で再度二つ折りにして広げ、真ん中にくぼみをつけて用います。

試料の質量を量る

① ※薬包紙が周囲に触れないように
折り目をつけた薬包紙を両方の皿に置き、利き手ではない方の皿に試料をのせます。

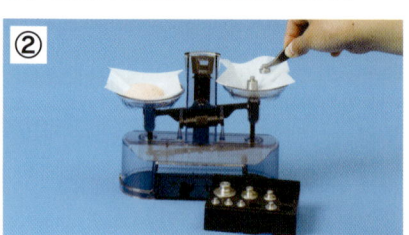

②
利き手側の皿に分銅をのせていき、調整して左右の振れ幅を釣り合わせます。

③
左右の振れ幅が等しくなったら、試料と分銅の質量が釣り合ったことを表しています。

決まった質量を量り取る

① ※薬包紙が周囲に触れないように
折り目をつけた薬包紙を両方の皿に置き、利き手ではない方の皿に分銅をのせます。

②
利き手側の皿に試料をのせていき、調整して左右の振れ幅を釣り合わせます。

③
左右の振れ幅が等しくなったら、分銅と試料の質量が釣り合ったことを表しています。

第1章　実験器具の基本操作

●分銅の扱い方

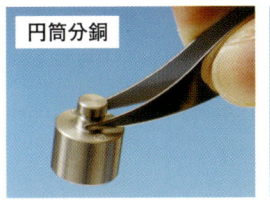

円筒分銅

板状分銅

分銅がさびたり質量が変化したりするのを防ぐため、専用のピンセットで扱い、直接手を触れないようにします。

注意！

取り出した試料を元のびんに戻してはいけません。　試料ごとに、別の薬さじを使うようにします。

●薬包紙の折り方

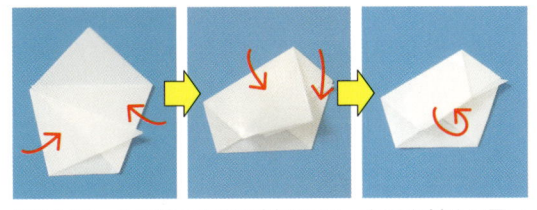

三角に折った底辺の左右を折り込み、上辺を斜めに互いに折り込み、最後に一方の端を他方の中に折り込みます。

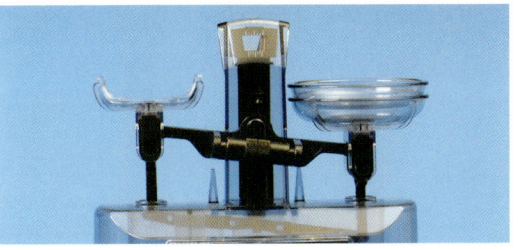

てんびんが揺れると支点が摩耗し、精度が下がるため、上皿てんびんをしまう場合には秤量皿を一方に重ねます。

②電子てんびんの使い方

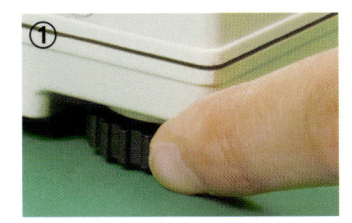

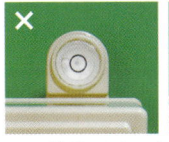

① 水平基準器中の気泡が円内に来るように、足の高さを調整します。

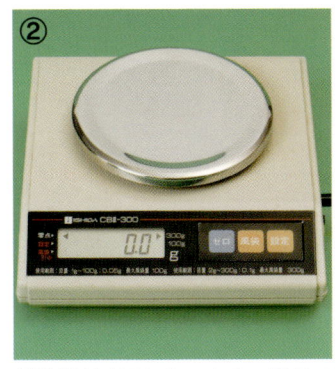

② 基準器が水平になったら、電子てんびんの電源を入れます。

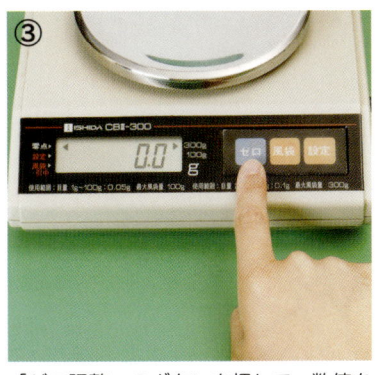

③ 「ゼロ調整」のボタンを押して、数値をゼロにします。

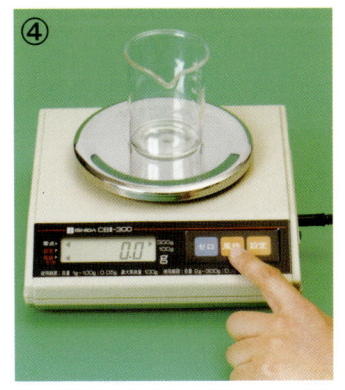

④ 空の容器をのせた状態で、ゼロ表示にします（風袋引き機能）。

⑤ 容器中に試料を入れ、必要量を量り取ります。

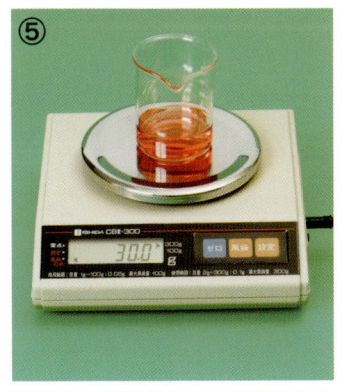

通常の実験では、誤差がわずかであることから、風袋引き機能があるなど扱いが容易な電子てんびんで質量を量り取ります。電子てんびんはデジタル表示であるため、数値が安定するように、できるだけ防振台上で、風が当たらないように（風防があればなお良い）用いましょう。

11

1-2-3 温度を測る

POINT 棒温度計を使って温度を測る際は、液切れがないこと、液だまりが液中に完全に浸っていることを確認しましょう。

①棒温度計の特徴

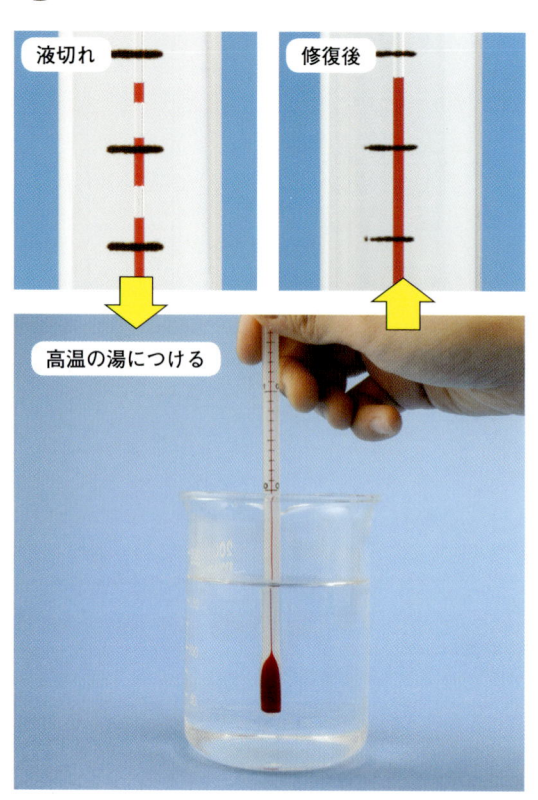

液切れ

修復後

高温の湯につける

　棒温度計は、ガラス管内部に封入された液体（感温液）の体積が周囲の温度により変化する量を温度に換算して測る器具です。感温液の体積変化に伴って液体が内部の毛細管内を上下するので、液の先端部とガラス管表面に示された値により温度が測定できます。感温液は赤く着色され、温度計の使用温度範囲に適した石油系物質が用いられています。通常の温度計は、感温液が浸った状態で正確に測定するようになっているため、液だまりの球部だけを液中に入れると、測定値に多少の誤差が出ます。

　時折、感温液が毛細管中で液切れを起こすことがあり、正しい温度が測定できなくなります。棒温度計は丁寧に扱い、液切れしたときには温度計を高温の湯につけるなどして修復してから用いましょう。

②棒温度計で液体の温度を測る

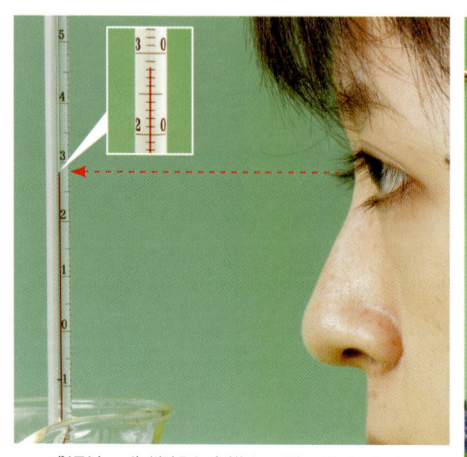

液だめが容器に触れないよう垂直に立てる

感温液の先端部を真横から読み取ります。

　正しく測定するには、温度計を容器に触れさせないで垂直に立て、感温液が止まってから、感温液の先端部を真横から見て目盛りを読み取ります。ガラスが肉厚なので、真横からしか正しい値が得られません。また、液だまりのガラス部分は肉薄で弱いため、温度計でかくはんなどの操作を行ってはいけません。

1-2-4 電流・電圧を測る

POINT 電気の計測器は、直流は−、交流は〜の記号で表され、まず最大の値の端子に接続し、その後適切な端子に接続して測定します。

①電流計の使い方

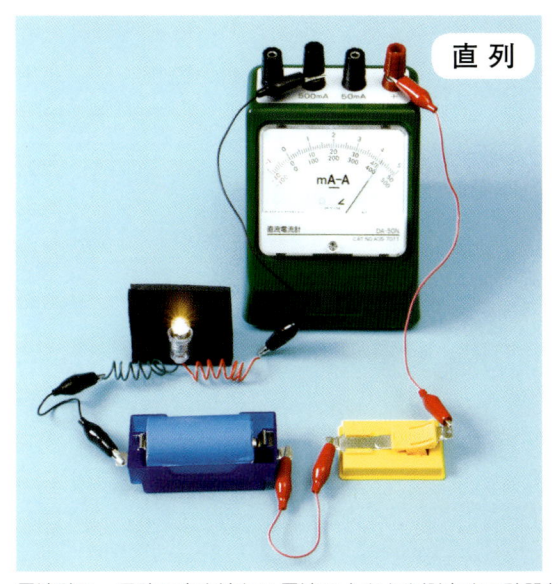

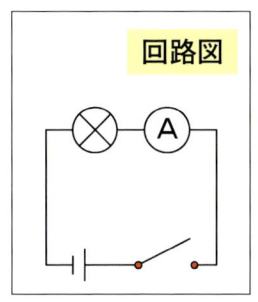

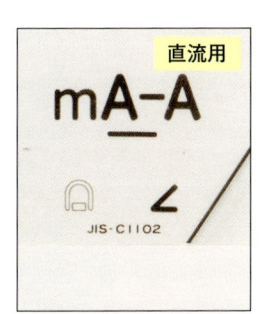

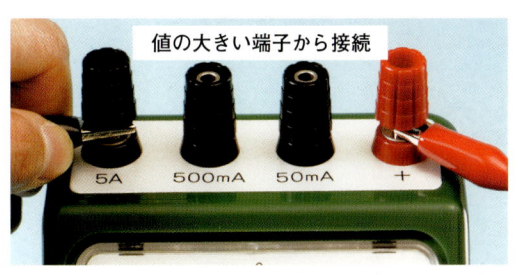

電流計は、回路の中を流れる電流の大きさを測定する計器なので、測定回路の中に直列に接続して測定します。電源を含めて回路はすべて一本道となり、電源と電流計のみでは電流は測れません。

②電圧計の使い方

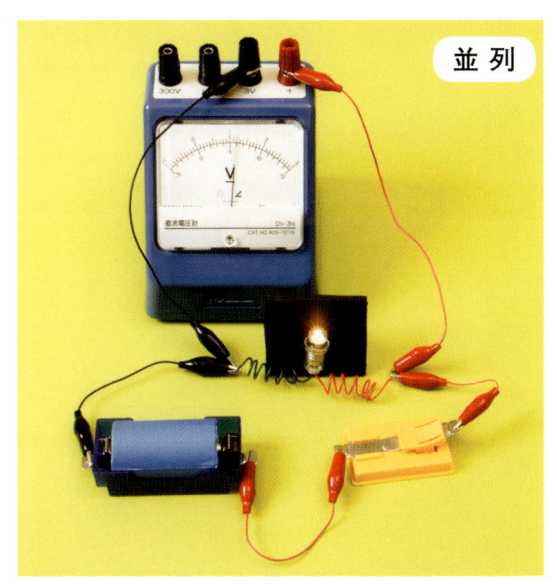

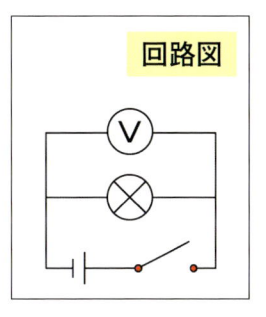

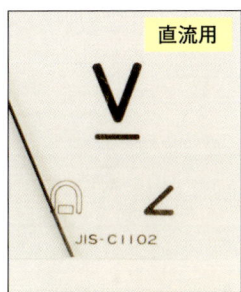

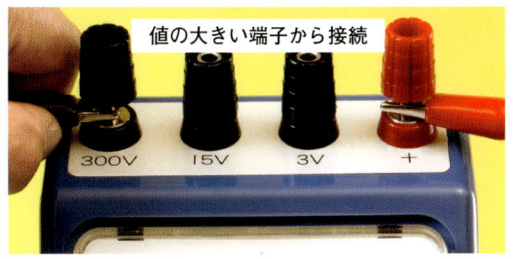

電圧計は、ある部分の電圧の高さを測定する計器なので、測定する部分に並列に接続してその部分の電圧の高さを測定します。電池に直接接続すれば、その電池の起電力を測定することができます。

1-3 加熱する

1-3-1 点火器具の使い方

①マッチ

頭薬　側薬

火のつけ方

燃えがら入れ

マッチ棒の頭薬は硫黄と硝酸カリウムなどからなり、発火温度が低い赤リンとガラス粉末からなるマッチ箱の側薬に頭薬を擦りつけて生じる摩擦熱で点火した後、火が軸木に燃え移ります。

頭薬を30～45度の角度で手前から向こうへ擦りつけて火をつけ、アルコールランプやガスバーナーに点火し、軸木は空き缶などの燃えがら入れに捨てます。頭薬をボール紙と側薬の間にはさみ、押さえながら引き抜く方法もあります。

②ガス点火器

市販の使い捨てガスライターなどと同じ液化ブタンを使った着火装置です。引き金を引くとノズルの先端で火花を生じ、ガスに点火して炎が出ます。引き金を引いている間はガスが出続けるため炎が消えません。液化ブタンが気化する圧力を利用するため、気温が非常に低い所では気化しづらく、使えません。

1-3-2 いろいろな加熱器具

①身近な加熱器具

実験用ガスコンロ　キャンピングバーナー　べっこうあめ　ホットプレート

実験では、実験用ガスコンロやキャンピングバーナー、ホットプレートや電熱器などを利用することができます。必要な火力や使用場所、実験の内容に応じて使い分けます。

③アルコールランプ

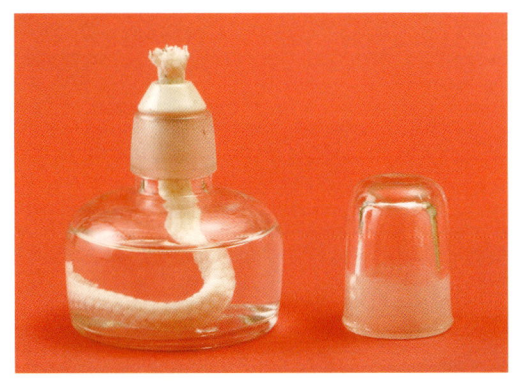

アルコールランプのふたと本体はガラスすり合わせになっており、ふたを静かにかぶせるだけで閉まります。このときひねったり上から押さえたりすると、すり合わせ部分がかみ合ってしまい、ふたが外れなくなってしまいます。

燃料となる液体はメタノールで、「燃料用アルコール」「燃料用木精」の名で薬局などで市販されています。有毒なので、燃料以外に使われないように通常は着色されています。

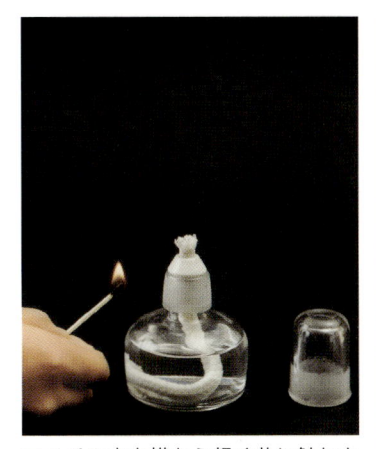

入れる量は8割程度で用い、半分以下にはしません。

マッチの火を横から軽く芯に触れさせて点火します。

炎の先の方で加熱します。

消すときは横からふたをかぶせます。

注意！

✗ 高い三脚
三脚はアルコールランプ専用の、背の低いものを用います（ガスバーナー用は不可）。

✗ 補充
火がついているときにアルコールを補充してはいけません。

✗ 持ち歩き
火がついているときに、持ち上げたり移動させたりしてはいけません。

✗ もらい火
アルコールランプ同士で火を移してはいけません。

④ガスバーナー

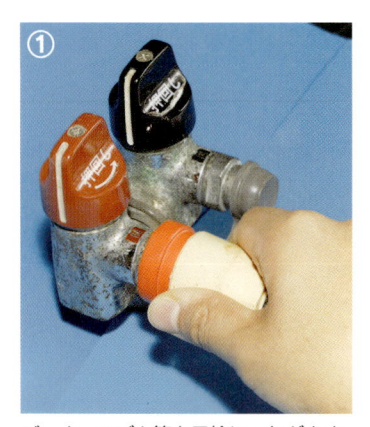

① バーナーのゴム管を元栓につなぎます。

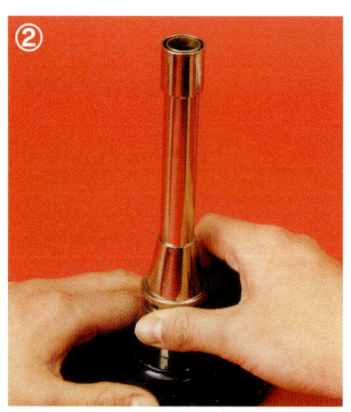

② ねじが締まっていることを確認します。

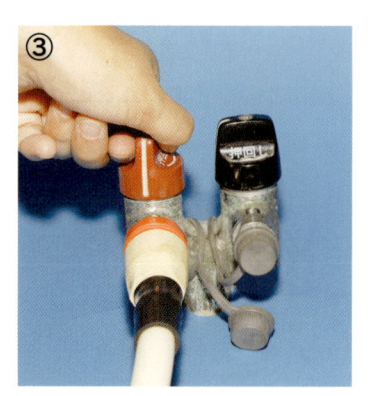

③ 元栓を開け、コック付きのバーナーはコックも開けます。

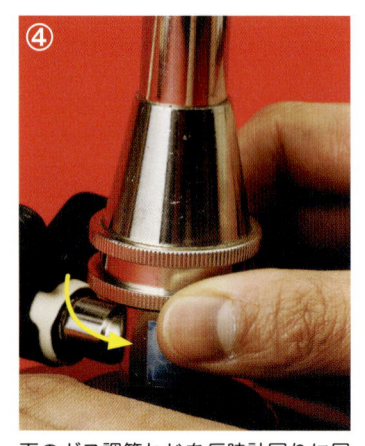

④ 下のガス調節ねじを反時計回りに回してガスを出します。

⑤ マッチなどの火を近づけて点火します。

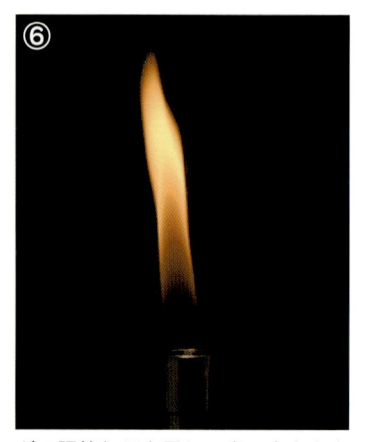

⑥ ガス調節ねじを回して炎の大きさを決めます。

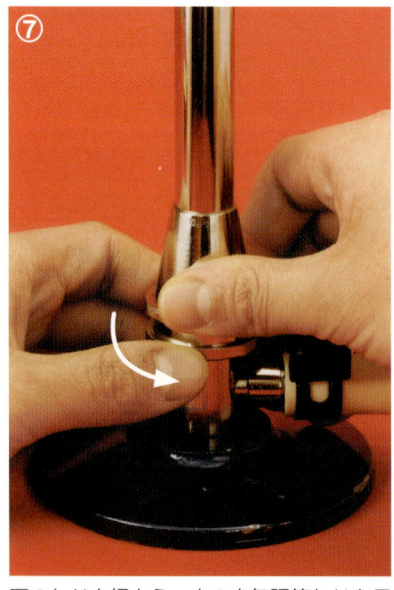

⑦ 下のねじを押さえ、上の空気調節ねじを反時計回りに回し、空気の量を調節します。

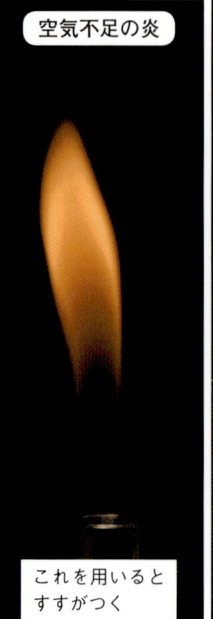

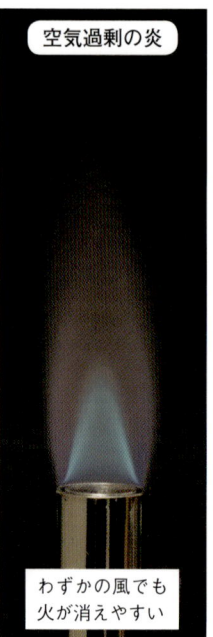

適正な炎	空気不足の炎	空気過剰の炎
炎の高さは5〜10cm	これを用いるとすすがつく	わずかの風でも火が消えやすい

加熱する

16

第1章　実験器具の基本操作

⑧ 温度が高い炎の先の方で加熱します。

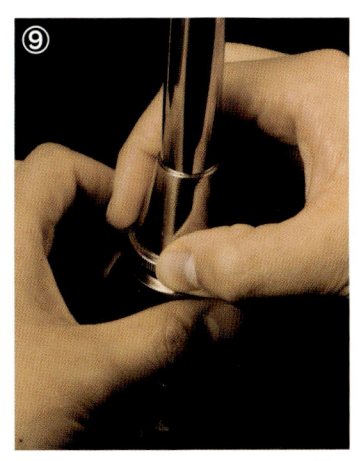

⑨ 消火は点火の逆順で、上のねじを閉めてから下のねじを閉め、炎を消します。

⑩ コック付きのバーナーはコックを閉め、最後に元栓を閉めます。

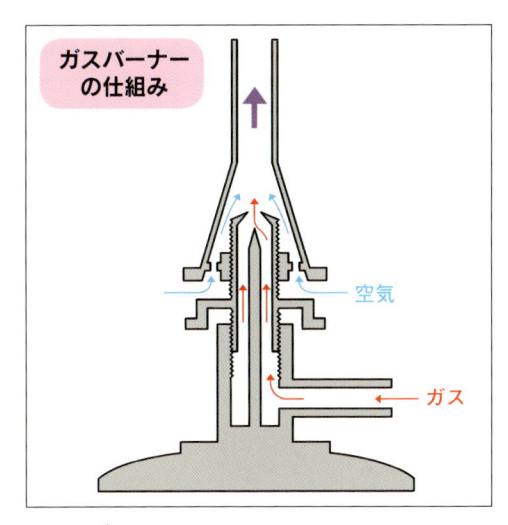

ガスバーナーの仕組み

空気
ガス

　ガスバーナーの燃料はガスですが、地域によってガスの種類が異なる場合があるので、ガスの種類に適合したバーナーを用います。

　下のねじを回すと細い穴からガスが勢いよく出て、上のねじを回すとガスの勢いで空気を吸い込み、ノズル中でガスと空気が混ざり、適正な炎で燃えます。

　加熱に用いるのは、炎の先端部に近いところです。火口に近い部分は温度が低く、正しく加熱することができません。

注意！

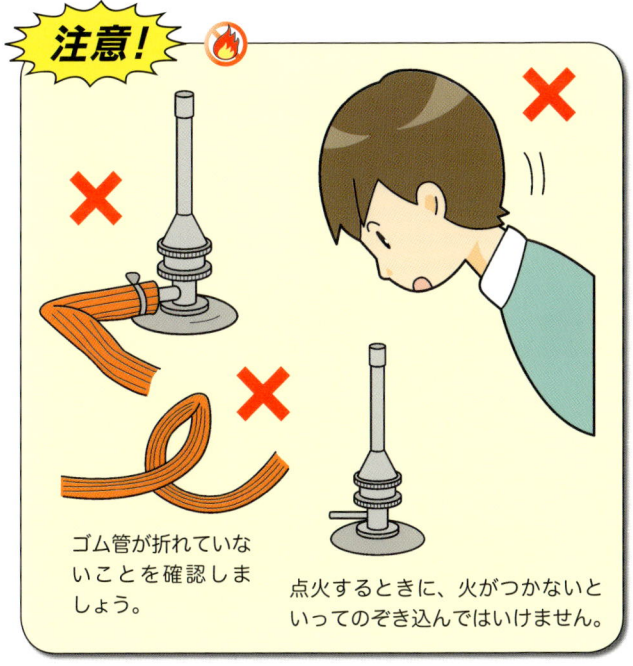

❌ ゴム管が折れていないことを確認しましょう。

❌ 点火するときに、火がつかないといってのぞき込んではいけません。

バーナーの中に異物を落としたら、消火後に分解して掃除しておきましょう。

17

1-3-3　液体を加熱する

POINT　液体を加熱する場合は、突沸に気をつけます。ガラス器具の外側の水滴は、拭き取ってから加熱しましょう。

①試験管で液体を加熱する

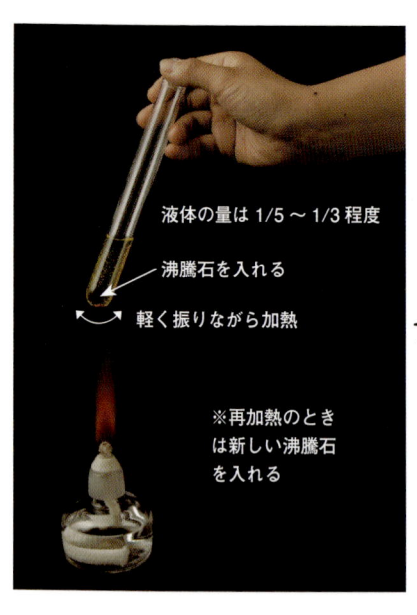

- 液体の量は 1/5 ～ 1/3 程度
- 沸騰石を入れる
- 軽く振りながら加熱
- ※再加熱のときは新しい沸騰石を入れる

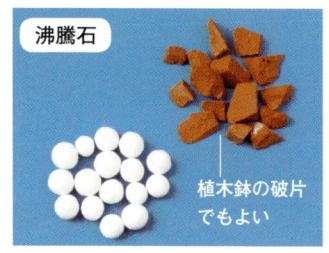

沸騰石　植木鉢の破片でもよい

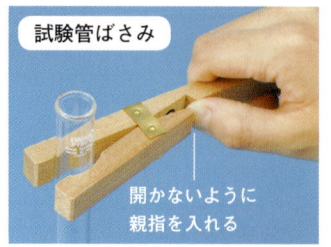

試験管ばさみ　開かないように親指を入れる

注意！　試験管の口は人のいない方に向けます

試験管のような細長い容器で液体を加熱する場合、生じる蒸気の圧力で加熱された溶液が勢いよく飛び出る「突沸」という現象に気をつけましょう。

②ビーカーや丸底フラスコで液体を加熱する

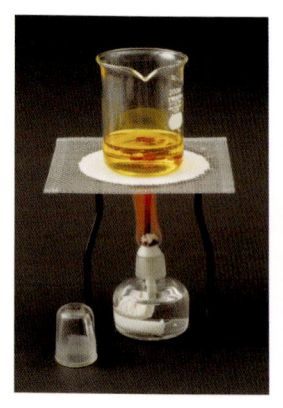

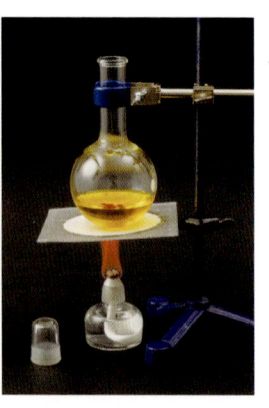

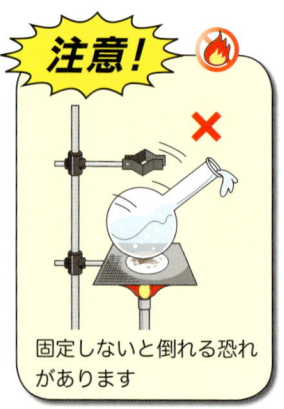

注意！　固定しないと倒れる恐れがあります

- 目的に合った三脚を使う
- 適切な器具で固定

直火だとガラスが割れる恐れがあるので、必ずセラミック付き金網を用いましょう。丸底フラスコに入れる液体の量は容積の1/3くらいが適量で、半分を超えないようにし、スタンドに固定して加熱します。ビーカーやフラスコの場合、突沸は起こりませんが、沸騰石を加えると発生する泡が細かくなり、沸騰させるときも静かに沸騰を続けます。

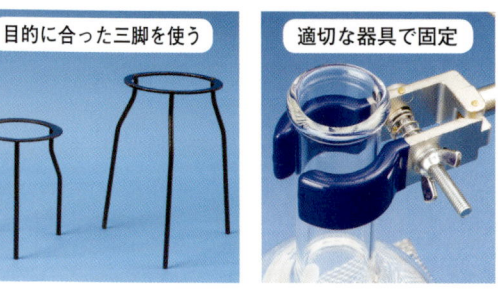

加熱する

第1章 実験器具の基本操作

1-3-4 高温で融解する

POINT 高温で加熱するには、るつぼやマッフルを用います。また、アートボックスを用いると、電子レンジで高温に加熱できます。

①るつぼで加熱する 🔥

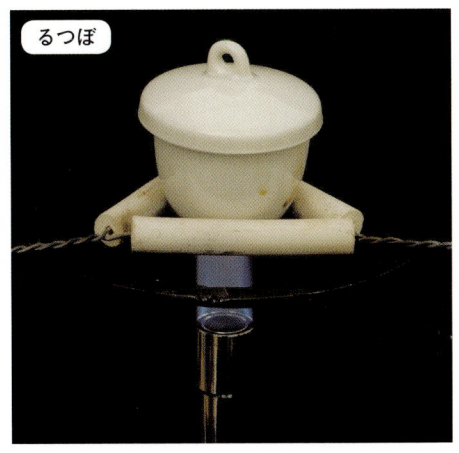

るつぼ
マッフル
るつぼばさみ
耐熱板に置く

るつぼは三角架にのせ、直火の炎で加熱します。

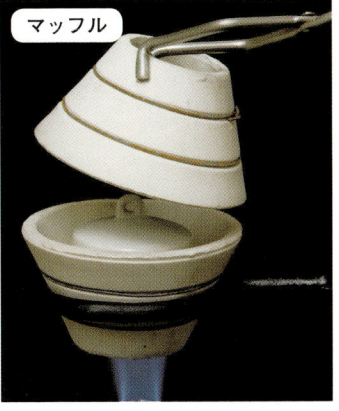

ガラスを融解させるなど、さらに高温にする場合はマッフルを用います。

砂糖の炭化

有機物を炭化させるときはふたをして加熱し、灰化する場合はふたをしないで加熱します。非常に高温になるので、作業はるつぼばさみを用い、加熱中は上からのぞき込んではいけません。ふたをつけて加熱をしている途中に様子を見る場合は、るつぼばさみで少しふたを開け、横から見るようにします。

②電子レンジで高温に加熱する 🔥

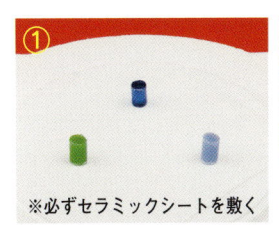

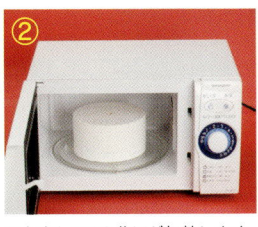

① ※必ずセラミックシートを敷く
シートの上にガラスを置きます。

② ふたをして10分ほど加熱します。

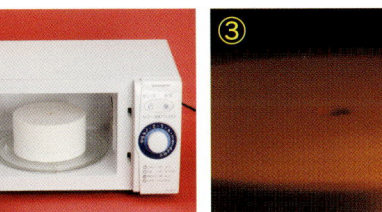

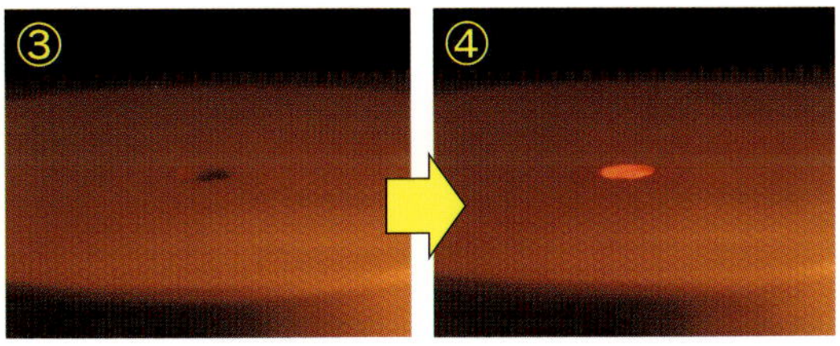

③ → ④
穴の色が暗い色からオレンジ色に変化します。

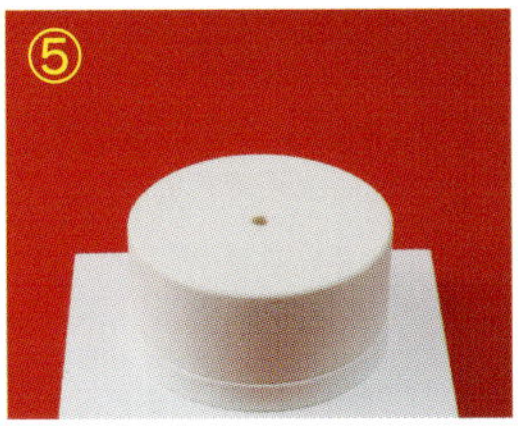

⑤ 耐熱板の上で十分冷まします。

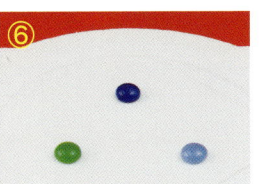

⑥ ガラスが熱いうちにふたを開けると割れるなどします。

アートボックスでガラスを融解させる際、ボックス内の温度がどの程度になったかは、ふたの穴の色でおおよそ判断します。暗いうちは温度が低く、オレンジ色から明るくなるに従い、より高温になっていることを示します。

1-4 分ける

1-4-1 水溶液から結晶を取り出す

POINT 温度によって溶解度があまり変化しない物質は①を、温度によって溶解度が大きく変化する物質は②の方法を、それぞれ用います。

①蒸発させて取り出す（食塩の場合）

注意！ 水分がなくなる前に火を止めること

食塩の析出だけを見る場合は、食塩水を蒸発皿に入れ、アルコールランプなどで加熱すれば、白色粉末状の食塩が析出します。水分がなくなるまで加熱すると結晶が飛び散るので、蒸発皿の底の水溶液が10円玉ほどの大きさになったら火を止め、余熱で蒸発させます。

大きな結晶を作る場合は、100gの水に約40gの食塩を加えて温めて溶かし、そのまま1日ほど放置して飽和食塩水を作ります。上澄み液を別のきれいな容器に取り、ガーゼでふたをして数日、ゆっくり水分だけ蒸発させると、立方体の形をした食塩の結晶が析出します。

②ゆっくり冷やして取り出す（みょうばんの場合）

① 形の良い物を種結晶にします。 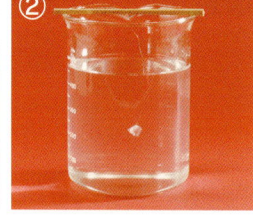
② 水溶液につるします。 
③ 保温箱でゆっくり冷やします。 
④ 結晶が大きく成長します。

およそ45℃の水90gにみょうばんを21.5g溶かします。この水溶液にほこりが入らないように静かにゆっくり冷やします。やがて結晶が現れ、徐々に大きく成長します。この中から形の良い結晶を取り出し、種結晶にします。再び45℃程度の水90gに対し、みょうばん21.5gの割合で溶かしてゆっくり冷やし、40℃になったら種結晶をつるし、さらに保温箱等でゆっくり冷やし続けると、結晶は次第に大きく成長します。

第1章　実験器具の基本操作

1-4-2　液体の精製

POINT　液体同士の混合溶液から沸点の違いを利用して分ける操作を「蒸留」、複数の混合溶液から沸点の低いものを順に分ける操作を「分留」と言います。

　すべての液体は任意の温度で気体になる圧力（蒸気圧）を持ち、蒸気圧の分だけ表面から徐々に蒸発します。「沸点」とは、1気圧（1013hPaまたは$1.013×10^5$Pa）下でその液体の蒸気圧が1気圧となり、表面だけではなく内部からも気化が起こる、すなわち沸騰現象が起こるときの温度を言います。液体の蒸気圧は温度が上がるとともに上昇するので、外部からかかる圧力と液体の蒸気圧が等しくなったときに「沸騰」という現象が起こるのです。

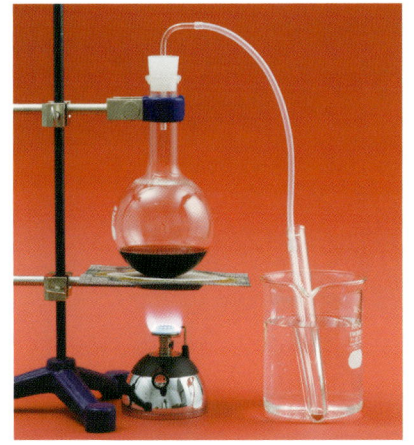

赤ワインの量が少なくなると粘度が高くなるので、半分ほど残して火を止めます。

赤ワインから蒸留した液体は無色透明です。

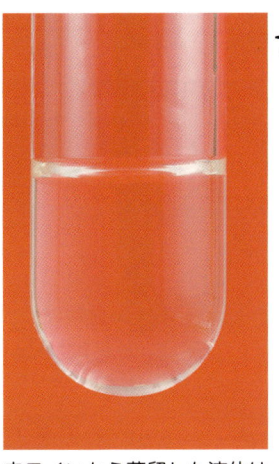

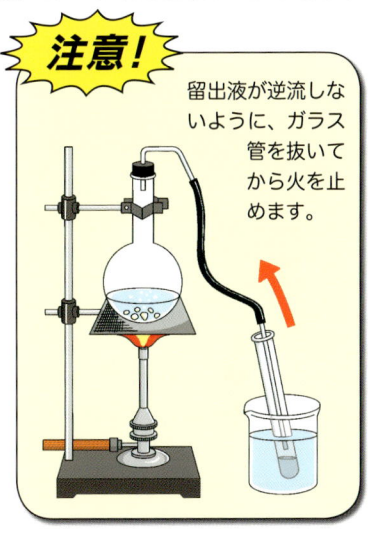

注意！
留出液が逆流しないように、ガラス管を抜いてから火を止めます。

　2種類の混合溶液を加熱すると、沸点の低いものが優先的に気化するので、その蒸気を冷却して分けるのですが、完全に分離できるわけではありません。蒸留は、より純度を増すための精製法の一つと言えます。

　エタノールと水の混合溶液（ここでは赤ワイン）からエタノールを蒸留するとき、エタノールの沸点は78.3℃、その温度での蒸気圧は$1.013×10^5$Paで、水の沸点は100℃、78℃での蒸気圧は$0.44×10^5$Paです。したがって、赤ワインを78℃で蒸留すると、留出液はおよそ70％のエタノール水溶液になると考えられます。エタノール分が減ると溶液の温度は上昇し、水の蒸気圧が大きくなるため、留出液中の水の割合はより多くなっていきます。

らんびき

画像提供　内藤記念くすり博物館

江戸時代に蒸留や分留に用いられた陶器の装置で、下部に混合溶液を入れて加熱すると、上昇した蒸気が上部で冷やされ、落ちた液体が周辺の溝にたまり、注ぎ口から留出します。

1-4-3　ろ過

ろ過の原理

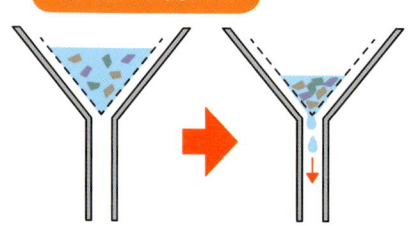

ろ過とは、フィルターを使って溶液中の微細な固形物を分け取る操作で、一般に紙（セルロース）製のろ紙をろうとに装着して行います。ろうとには通常の物以外にも足長や筋入りがあり、溶液の種類などで使い分けます。ろ過に用いるろ紙（定性用）は、穴の大きさや厚みによりろ過の能力や速度が異なります。薄いろ紙はろ過速度が速い一方強度が低く、厚いろ紙は強度が高い一方、ろ過速度は遅くなります。ろ過で分離できるのは沈殿物のみで、コロイド状態の溶液はろ過できません。

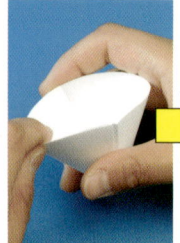

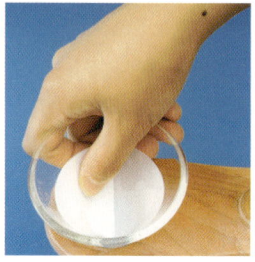

四つ折りにしたろ紙の一か所を円すい状に開いた後、ろうとに装着して純水で湿らせ、ろうとに密着させます。

注意！　ろうとのサイズに合ったろ紙を用います。

ろうと台に高さを合わせてろうとを設置し、ろうとの足が壁面に付く位置にビーカーを置きます。

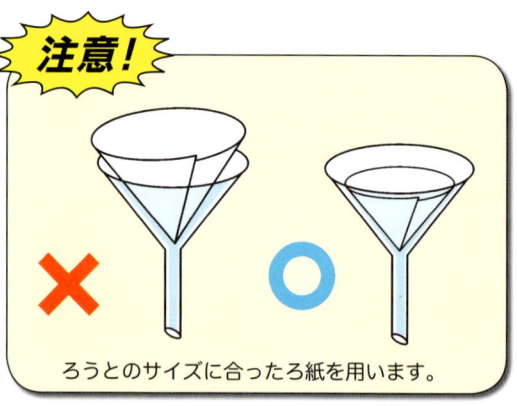

ろ過する混合液を、ガラス棒に沿わせてろうと中のろ紙の部分に少しずつ入れます。

1-4-4 ペーパークロマトグラフィー

クロマトグラフィーとは？

クロマトグラフィーとは、混合物を移動相（液体など）にのせて固定相（固体など）の中を通過させ、物質を分離させる操作のことで、移動相を水やエタノールなどの液体、固定相をろ紙で行う方法を「ペーパークロマトグラフィー」と言います。ペーパークロマトグラフィーは、色素など色のある物質を分離するのに適しています。

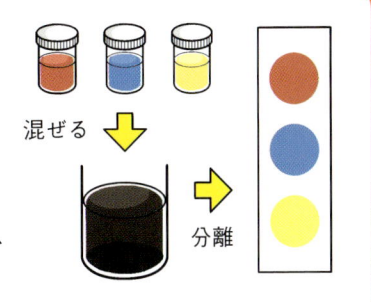

①円形ろ紙のペーパークロマトグラフィー

① 円形ろ紙をひだ状に折ります。

② 中央に水性ペンで円を描きます。

③ 少量の水を入れたビーカーに差し、先端を浸します。

④ 水が8割ほど上がったら取り出し、ドライヤーで乾かします。

いろいろな色の水性ペンで試してみると、さまざまな色の色素が混ざっていることがわかります。

②牛乳パック紙のペーパークロマトグラフィー

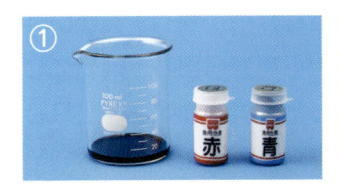

① 何色かの食用色素を混ぜて水に溶かします。

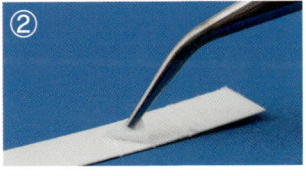

② 牛乳パック紙を短冊状に切り、表面のフィルムを2か所はぎ取ります。

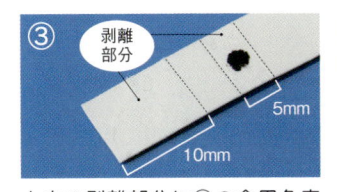

③ 上方の剥離部分に①の食用色素を付けます。

④ 数mmの深さの水かエタノール水に下方の剥離部分を浸します。

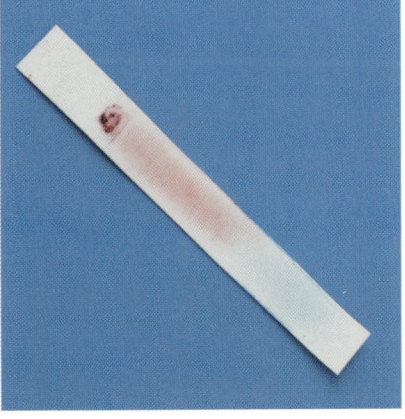

液体が9割ほどしみ上がったら取り出します。フィルムの内側に色素が分離して見えます。

1-5 作る

1-5-1 ガラス管で実験器具を作る

　ガラスは一定の融点がなく、温度を上げると徐々に軟らかくなり、粘性のある液体のようになります。ガラス管を細工するときはバーナーで加熱し、ナトリウムの炎色である黄色い炎を生じるのが軟化した目安です。変形させるときは、必ず炎の外に出して変形させます。途中でガラスが冷えて硬くなりそうなら再び炎に入れて温め、また出して変形させます。目的の形になったら、金網の上に置いて冷えるのを待ちます。急冷すると割れるので、風を当てるなどして急いで冷やすことは避けます。ガラスの温度は見てもわからないので、冷えたと思っても加熱した部分には触らず、加熱していない所から少しずつ触って確かめます。

①ガラス管を切る

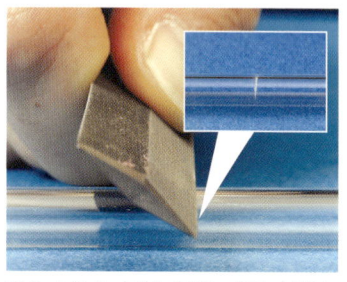

羽やすりを45°に傾け、押し付けながら傷をつけます。

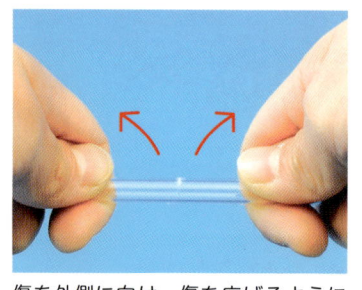

傷を外側に向け、傷を広げるように引っぱって折って切ります。

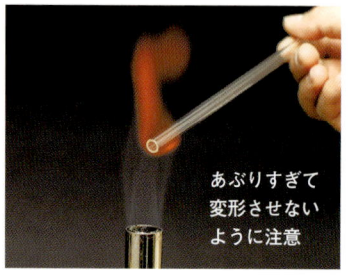

切断面を炎であぶり、鋭利な角を滑らかにします。

あぶりすぎて変形させないように注意

②ガラス管を曲げる

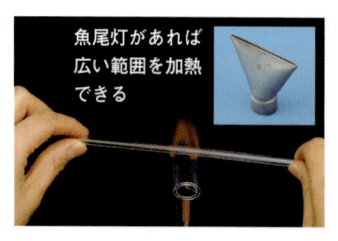

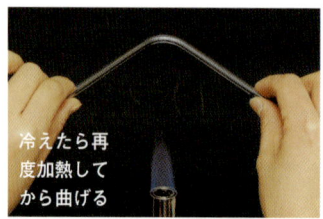

魚尾灯があれば広い範囲を加熱できる

冷えたら再度加熱してから曲げる

　曲げる部分を中心に5cm程度を回転させながら加熱し、黄色い炎が見えたら炎から出し、内側にしわが入ったり外側がへこんだりしないように注意しながら曲げます。

③引き延ばす

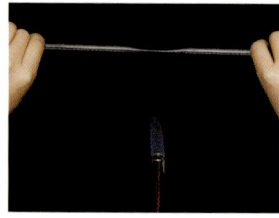

　ガラス管を加熱して黄色い炎が見えたら炎から出し、左右に引き延ばします。細い所を切り、切断面を滑らかにして反対側を加熱し、耐熱板に軽く押し付けてキャップ止めを作るとスポイトができます。

第1章　実験器具の基本操作

1-5-2　ゴム栓に穴を開ける

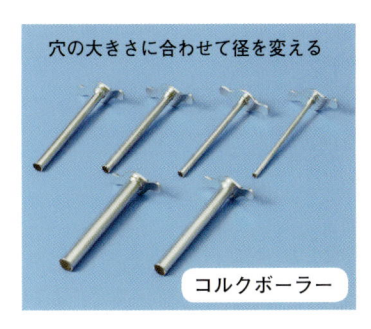

穴の大きさに合わせて径を変える

コルクボーラー

ゴム栓を台の上に置き、目的の径のボーラーで垂直に回転させながら穴を開けます。穴を開け終わったら、ボーラーの内部に残ったゴムを取り出しておきます。

電動コルクボーラー

構造は電気ドリルと同じですが、ゴム栓の径に応じたゴム栓ホルダーがあり、ホルダーを装着してゴム栓をセットすると、その中央に穴が開けられる構造になっています。ドリルの歯もガラス管の径に合った歯がセットされており、誰でも容易にゴム栓に必要な径の穴を開けられます。

1-5-3　気体誘導管を作る

手を切らないために、ガラス管に布を巻いておきます。

ガラス管を水に浸し、ゴム栓の穴には液体洗剤を付けておきます。

ガラス管をゴム栓の穴に入れ、回しながらゆっくり差し込みます。

注意！
穴から遠い部分を持たないこと

ゴム栓に対して垂直に入れていきます。

完成

1-6　実験の後片付け

1-6-1　試験管を洗う

　試験管などのガラス器具は、使用後の洗浄がおろそかだと正しい結果が得られなかったり、実験によっては危険な場面に遭遇したりすることもあります。試験管を使用したら、すぐに洗いましょう。放置すると汚れがガラス壁に付着し、簡単に落ちなくなります。

- 沈殿や固形物がない場合は食器用の液体洗剤を、沈殿や固形物がある場合には液状クレンザーを試験管ブラシに付けて洗います。
- 石灰質がこびり付いて白濁した試験管は、塩酸を入れてしばらく置くと落ちます。
- 金属系の物質がこびり付いた場合は、硝酸を入れてしばらく置くと落ちます。

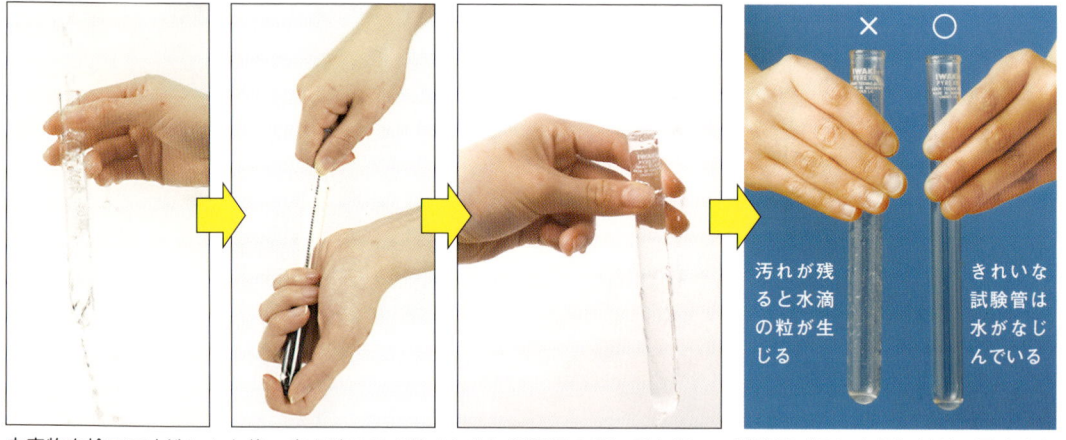

汚れが残ると水滴の粒が生じる

きれいな試験管は水がなじんでいる

内容物を捨てて水洗いした後、突き破るのを防ぐために試験管の底に手を当て、試験管ブラシを押し付けて回すように洗います。何度か水を流して洗剤を洗い流し、泡が出なくなったら逆さまに立てて乾かします。

1-6-2　実験室の後片付け

　実験室はいつでも使えるように、実験後はすぐに片付けておきましょう。実験で出た廃液の処理は、下のように適切に行います。

- 酸やアルカリの水溶液は大きな容器にまとめてから中和して捨てます。
- 重金属イオン（銅・鉄・亜鉛・銀などのイオン）を含む水溶液はポリタンクにためておき、業者に処理を依頼します。
- 水に溶けない油類（シンナーなど）も専用の容器に保管し、業者に処理を依頼します。

1-7 理科室や準備室の整理

理科の学習は、授業の流れの中での突然の思い付きでも、目的の実験ができるようにしておくことが大切です。そのためには理科室や理科準備室は常に整理して、どのような実験にもすぐに対応できるようにしておかなければなりません。

①試薬の保管

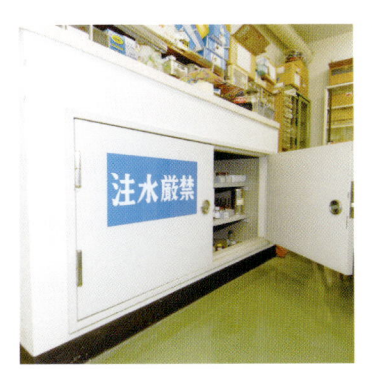

地震や自然災害に備え、試薬類は、薬品庫に種類別にまとめて保管し、びんには破損防止用のネットをかぶせておきます。発火物や水と反応する試薬は、密閉した耐火庫に保管します。

②器具や溶液の保管

器具類は、コンテナや引き出しケースに種類ごとにまとめ、ラベルを貼って保管します。

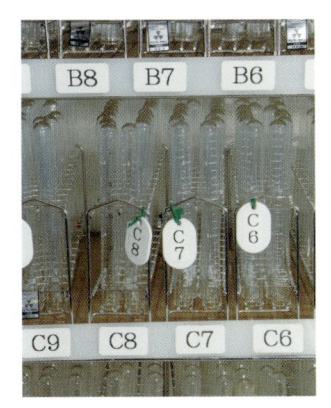

児童生徒が使う試験管や小型の器具は、班別にまとめておくと便利です。

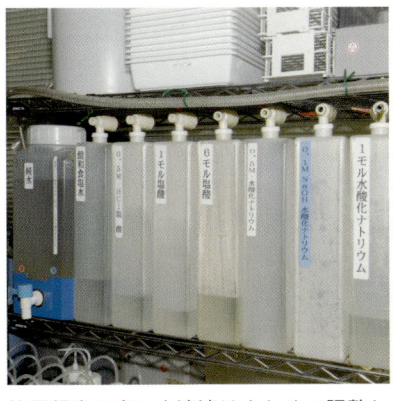

使用頻度の高い水溶液はまとめて調整してポリタンクに保管しておきます。

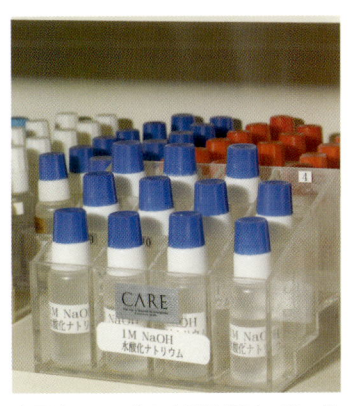

少量滴下して使う水溶液類は、班の数だけ点眼びんに作っておくと便利です。

コラム 日常生活用品を理科実験に使う

①ペットボトル

半分に切ると、口のある上部は大型ろうととして、下部は溶液を入れるビーカー代わりに、それぞれ使えます。また、調整した試薬の保管にも使えますが、その場合は必ずラベルを貼っておきましょう。

②アルミケース

うどんや鍋に用いるアルミケースは、湯煎鍋の代わりやロウソク作りのパラフィンを融解させる容器に使えます。また、ケーキ用の厚手のアルミケースは、石けん作りやロウソク作りの容器に使えます。

③プリンカップ

実験に使う小物を班別に配るのに便利です。また、小型ビーカーの代用としても使うことができます。

④牛乳パック

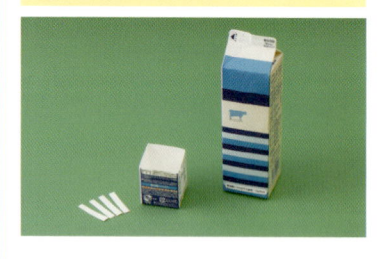

上下を取って開くと、簡単なカット台になります。水でふやかして両面のフィルムを取り、ミキサーにかけると紙すきができます。短冊状に切ると、ペーパークロマトグラフィーの展開用紙にもなります（p.23参照）。

⑤発泡スチロール容器

断熱性が高いので、再結晶させるときなど、ゆっくり温度を下げたいときに使うことができます。

第2章

試薬・溶液の扱い方

2-1 試薬・溶液の取り扱い

2-1-1 器具を扱う

①ガラス器具の扱い

　ガラスは、耐熱性が高い一方、薄いために衝撃には強くありません。置くときや物を入れるときは穏やかに扱います。

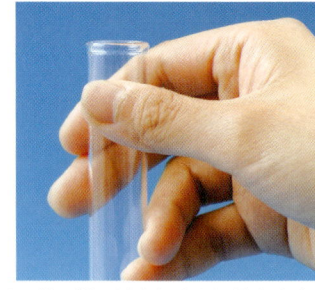

注意！

悪い持ち方

ビーカーや試験管を持つときは、親指とその他の指ではさむように持ちます。

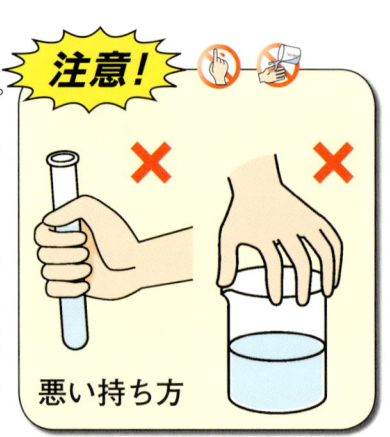

②試薬や溶液を注ぎ入れる

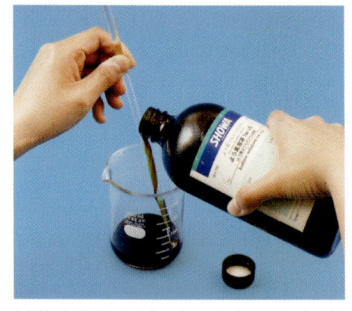

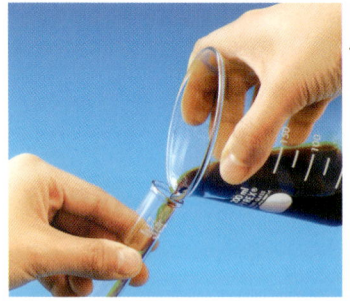

注意！

注いだ試薬を薬びんに戻さないこと

試薬や溶液をビーカーに直接入れると飛びはねる恐れがあるので、ガラス壁やガラス棒に沿わせて入れます。

③固形物を溶かす

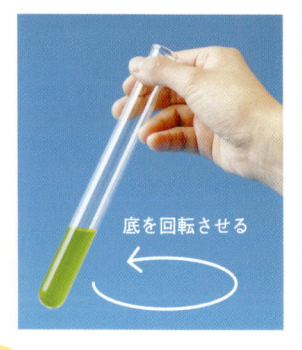

割れるのを防ぐために先にゴム管をつけても良い

底を回転させる

　試験管に入れる液体の量は、1/5～1/3くらいが目安です。固形物を溶かすときは、試験管の口を中心にして底を扇のように左右に振るか、円すい状に回転させます。ビーカー中で固体を溶かすには、ガラス棒でかくはんします。

2-1-2　水溶液を作って保存する

①希硫酸を作る

濃硫酸は粘性の高い液体で、水に溶けて大きく熱を出します。まず全量の2/3ほどの水を入れたビーカーを耐熱板上に置き、ガラス棒に沿って硫酸を少しずつ入れて混ぜ、その後水を目的の量まで加えます。

②水酸化ナトリウム水溶液を作る

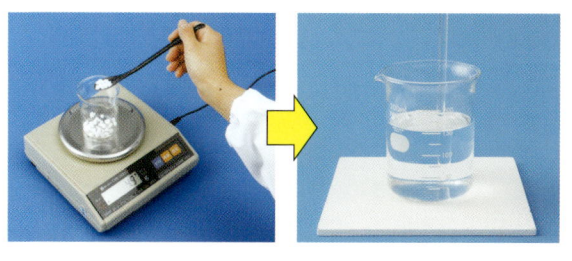

水酸化ナトリウムは吸湿性が高いので、電子てんびんに置いた乾いたビーカーに入れて素早く量り取ります。耐熱板上にビーカーを置き、全量の2/3ほど水を入れガラス棒で溶け切るまでかくはんし、その後水を目的の量まで加えます。

※発生するミストは吸い込まないこと。

③水溶液を保存する

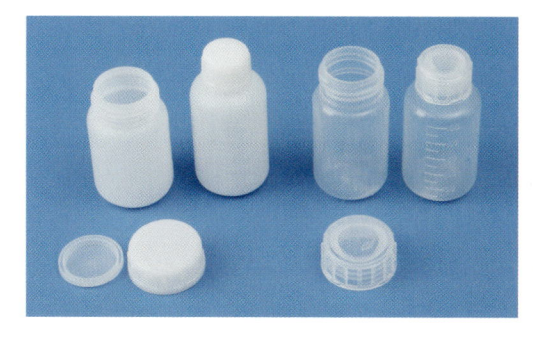

作った水溶液は、冷めてから保存びんに移します。倒れても口が開かず破損しないプラスチック製びんを使います。広口びんは固形物用、細口びんは水溶液用です。内ぶたがある物とない物がありますが、密閉度と扱いやすさから内ぶたのない物が便利です。茶色いびんは遮光性があるので、感光しやすいものを入れます。

④試薬の保管

- 金属元素に分類される元素の酸化物や水酸化物は、すべてアルカリ（塩基）なので、同じ棚にまとめて保管します。
- 非金属元素に分類される元素の水素または水素と酸素との化合物はすべて酸なので、アルカリや塩基とは別の同じ棚にまとめて保管します。[※1]
- アルカリや塩基以外の金属元素と非金属元素が結び付いた化合物はすべて塩類なので、構造が似たもの別にまとめて保管します。[※2]
- 有機物などの可燃物は、金属製の耐火庫に保管します。

※1 酸とアルカリ（塩基）を同じ棚に保管すると、破損して試薬が出たときに激しく反応する恐れがあるため
※2 塩類とは、酸とアルカリ（塩基）が結び付いて生じた物質を言う

2-2 試薬の特性と取り扱い

2-2-1 酸性を示す試薬

①塩酸

　塩化水素（HCl）という気体の飽和水溶液で、ふたを開けると塩化水素ガスが出てきます。これは極めて刺激性の強い気体で、水に溶けやすく、皮膚や粘膜に触れると微量の水分に溶け、強い刺激を与えます。水溶液は極めて強い酸性を示し、鉄・アルミニウム・亜鉛などと反応して溶かし、水素を発生させます。さびた鉄を入れると、さびがよく落ちます。

> **注意！** ✕ 🧴 劇
> 水で薄めて希塩酸を作る場合は、換気の良い場所で行います。発生する塩化水素ガスは精密機器に掛からないように、また吸わないようにします。

②硫酸

　粘性があり、揮発しない密度が大きい液体で、吸湿性や脱水作用を示します。水に溶けると強く発熱するので、希硫酸にするときは水に硫酸を少しずつ加えます。空気中に置くと水分を吸って徐々に薄まります。水溶液は強い酸性を示し、鉄・アルミニウム・亜鉛などと反応して溶かし、水素を発生させます。

> **注意！** ✕ 🧴 劇
> 希硫酸が繊維に付着しても脱水作用はありませんが、やがて水分が蒸発して硫酸だけが残り、その脱水作用により炭化が起こります。つまり、希硫酸が布に付くと、やがて繊維が炭化して腐食し、穴が開くので注意が必要です。

③硝酸

　無色の液体で、日光により分解して褐色の二酸化窒素ガスを発生させるので、冷暗所に保管します。強い酸化作用があり、金や白金以外の金属すべてと反応して溶かすことができます。皮膚に対する腐食作用が強く、またタンパク質と反応して褐色に変色させる作用があります。水溶液は強い酸性を示します。

> **注意！** ✕ 🧴 劇
> 皮膚に付くと、ただちに洗い流してもしばらくするとその部分が褐色に変色し、その後皮膚が壊死してしまうので、皮膚には付けないように気をつけます。金属系の汚れが落ちない場合は、硝酸で落とすことができます。

④酢酸

　鋭い臭気を持ち、水よりわずかに密度が大きい液体で、水溶液は弱い酸性を示します。水を含まない酢酸の凝固点は16.7℃で、気温が低くなると凍結する（固体になる）ため、氷酢酸とも呼ばれます。醸造酒の主成分であるエタノールから酢酸が生成され、食用酢として用いられます。ただし、この水溶液から蒸留によって純粋な酢酸を得ることはできません。

> **注意！** 🔥 🧴
> 食用酢の成分ですが、純粋な酢酸は強い臭気を持つので気をつけます。水分を吸いやすいため、古くなると冬でも凍らなくなります。

2-2-2 アルカリ性を示す試薬

①水酸化ナトリウム

　水への親和性が大きいので吸湿性が強く、空気中で水分を吸って自ら溶け出します（潮解性）。水溶液は強いアルカリ性を示すため酸を中和し、タンパク質を溶かします。このような性質を利用して、動物の骨格標本作りや植物の葉脈標本作りに利用されます。紙は、砕いた木材をこの水溶液で煮てタンパク質や糖類を除き、セルロースを取り出して作ります。

> **注意！** ✕ 🧤 劇
> 空気中に置くと水分を吸って溶け出し、やがて表面が二酸化炭素と反応して炭酸ナトリウムに変化します。水に溶かすと激しく発熱し、発生するミストは粘膜を侵します。水溶液が目に入ると角膜が溶けて失明することがあるので、扱う際は安全メガネや安全ゴーグルを掛けましょう。

②アンモニア水

　アンモニア（NH_3）という気体の飽和水溶液で、ふたを開けるとアンモニアガスが出てきます。極めて刺激性の強い気体で水に溶けやすく、皮膚や粘膜に触れると強い刺激を与えます。水溶液はアルカリ性を示し、酸を中和します。ギ酸を持つアリや昆虫類の虫さされには、ギ酸を中和するアンモニア水が有効です。銅イオンや銀イオンと結び付いて大きなイオン（錯イオン）となるため、銅や銀の沈殿物を溶かすことができます。

> **注意！** ✕ 🧤 劇
> 塩化水素と気体同士で反応し、塩化アンモニウムを生じます。塩酸と同じ棚に保管すると、びんの口や周辺に塩化アンモニウムの固体粉末を生じるので、同じ棚に保管してはいけません。

③炭酸水素ナトリウム

　重曹とも呼ばれ、加熱により水蒸気と二酸化炭素を放出して炭酸ナトリウムとなることから、小麦粉と混ぜてホットケーキやドーナツ作りに、また粉末消火器の消火剤にも用いられています。水溶液は弱いアルカリ性を示し、フェノールフタレイン溶液をわずかに変色（薄いピンク色）させます。酸を加えると、反応して二酸化炭素を放出します。非常に細かい粉末状のため、金属の表面を磨く光沢剤としても使われます。

> **注意！**
> 小麦粉と混ぜてふくらし粉として使えるのですが、加熱後に生成する炭酸ナトリウムはより強いアルカリ性を示し、苦みを持つので加えすぎないように気をつけます。

④水酸化カルシウム

　消石灰とも呼ばれ、土壌の酸性化防止のため畑などに使われますが、強いアルカリ性を示すため皮膚を侵し、目に入ると失明する恐れもあります。水に溶けにくく、長時間置いて溶かした飽和水溶液は石灰水と呼ばれます。石灰水に二酸化炭素を通すと炭酸カルシウムを生じて白濁します。さらに通し続けると炭酸水素カルシウムに変化するため無色透明になり、加熱すると再び炭酸カルシウムとなり白濁します。

> **注意！** ✕
> 直接触らず、目に入らないように扱い、目に入ったらすぐに流水で洗い流します。石灰水を空気中に置くと表面に炭酸カルシウムの膜を生じるので、使用する直前にビーカーにとって使います。

2-2-3 水和水のある試薬

　水和水とは一定数の水分子を伴って結晶となるときの水分子の事で、結晶水とも言われます。水和水の数は物質によって異なりますが、いずれも水和水を失うと粉末化し無水物となります。水和水を持つ物質の溶解度は、溶解している物質の無水物の質量で表されます。飽和水溶液から再結晶させると、結晶化に伴う水和水の分だけ溶媒の水が減少し、より多くの結晶が析出します。そのため、温度変化による再結晶化を見るのには適しています。

①硫酸銅（Ⅱ）$CuSO_4 \cdot 5H_2O$

　複数のイオンを示す元素の化合物は、何価のイオンであるかをかっこを付けてローマ数字で表します。通常、硫酸銅は、2価の銅イオンCu^{2+}と硫酸イオンSO_4^{2-}との化合物を指し、5分子の水和水を持つ青くきれいな結晶となります。結晶を注意深く加熱すると水和水を徐々に失い、白色粉末の無水物となります。

注意！ ✕ 劇
銅イオンは毒性があるので、廃液はタンクに保管して廃棄業者にまとめて処分してもらいます。無水硫酸銅は水を加えると強く発熱するので、扱いには気をつけましょう。

②酢酸ナトリウム $CH_3COONa \cdot 3H_2O$

　酢酸を水酸化ナトリウムで中和したときに生じる塩の一種です。わずかに酢酸臭のする針のように細長い無色の結晶で、あまり大きな結晶にはなりません。この水溶液を冷やすと飽和点以下でも結晶が析出しない過飽和溶液となり、ここに種結晶を加えると見る間に結晶が析出します。過飽和溶液を作るには、無水酢酸ナトリウムと水を質量比1：1で混ぜ、加熱して溶かしてから密封して静かに室温まで冷やします。

③炭酸ナトリウム $Na_2CO_3 \cdot 10H_2O$

　無色の結晶ですが、空気中で水和水を失って粉末化する現象（風解）を示します。水溶液はかなり強いアルカリ性を示し、草木灰中に含まれるのでソーダ灰とも呼ばれました。昔は洗剤の代用や洗剤作りに用いられ、ガラスの原料でもあります。無水炭酸ナトリウムに水を加えると、すぐには溶けず最初に表面が結晶化し、その後結晶が徐々に溶解します。

注意！ ✕
水溶液はアルカリ性が強いので直接皮膚に触れないよう、特に目には入らないように注意します。

④チオ硫酸ナトリウム $Na_2S_2O_3 \cdot 5H_2O$

　結晶はハイポとも呼ばれ、水道水中の塩素と反応するため観賞魚用の脱塩素剤として使われます。静かに加熱すると水和水に溶解して水溶液となり、冷やすと過飽和溶液となります。結晶を加えるか刺激を与えると見る間に結晶の成長が観察されます。ヨウ素とも反応し、薄めたヨウ素入りうがい薬に加えるとヨウ素の褐色が消え、ヨウ素でんぷん溶液に加えると、ヨウ素が消費されて色が消えます。

注意！
水溶液にすると分解しやすいので、結晶の状態で水分が入らないように密封して保存します。

2-2-4　水に溶ける有機液状の物質

①メタノール CH_3OH

昔は木酢液から作られたため燃料用木精とも呼ばれます。人体に有毒で、体内に入ると失明などの障害が現れ、死亡する恐れもあります。換気の悪い室内で不完全燃焼させると刺激性の気体が発生する場合もあります。

注意！
沸点が低く引火しやすいので、金属製の専用保管庫に保管します。有毒なので、アルコールランプに用いるメタノールにはインクで着色しておきましょう。

②エタノール C_2H_5OH

エチルアルコールまたは酒精とも呼ばれます。濃度が高いものは殺菌作用があり、消毒剤として使われます。水に溶けにくい有機物も溶解し、揮発しやすいので、インクや塗料、化粧品に使われます。

注意！
沸点が低く引火しやすいので、金属製の専用保管庫に保管します。工業用のエタノールにはメタノールなどの不純物混入の可能性があるので、口に入れてはいけません。

③アセトン CH_3COCH_3

水に溶けにくい油脂や多くの有機物を溶解し、揮発性が高いので、接着剤や塗料の溶剤や洗浄剤、除光液などに用いられます。実験用ガラス器具の表面の油脂汚れを落とします。

注意！
沸点が低く引火しやすいので、金属製の専用保管庫に保管します。ゴムやプラスチックを容易に溶かします。

2-2-5　水に溶けない有機液状の物質

①トルエン $C_6H_5CH_3$

引火性の液体で、水に溶けない有機物の溶剤として用い、接着剤や塗料の溶剤として使われます。吸入すると中毒性があり、脳障害を起こす恐れがあります。

②キシレン $CH_3C_6H_4CH_3$

3種類の異性体が存在しますが、通常はこれらの混合物が用いられます。引火性の液体で、理科実験では水に溶けない有機物の溶剤として用います。

③ヘキサン $CH_3(CH_2)_4CH_3$

揮発性が高く引火しやすい液体で、ガソリンや灯油などにも含まれます。油や油脂類を溶かす性質が高く、揮発性が高いので油脂などの抽出用溶剤に用います。

注意！ ※ヘキサンは引火性のみ
水に溶けない有機液状の物質は、すべて燃えやすく引火しやすいので、金属製の専用保管庫に保存します。廃液は有機物専用のタンクに保管して、まとめて廃棄物処理をします。

2-3 溶液の取り扱い

2-3-1 溶液を調べる

　溶液中に何が溶けているか、溶液がどのような性質を示すかなどは、外見からだけではわかりません。調べる方法としては、「においをかぐ」「試薬を加えたときの色変化・沈殿の生成などを観察する」という方法があります。

①においをかぐ

　溶液のにおいをかぐときは、直接かいではいけません。直接かぐと、目や鼻を刺激したり粘膜を傷つけたりする可能性があります。容器を顔の少し前で支え、手で手前にあおいで慎重に溶液のにおいをかぎます。

②pHを調べる

pHとは？

　水溶液の酸性・アルカリ性の度合いを表す指標で、0から14の数字で表されます。pH 7が中性で、7より小さいほど酸性が強く、7を超えて大きくなるほどアルカリ性が強いことを表します。pHを調べるときは、pH試験紙の端に溶液を付着させるか、pH指示薬を滴下して、その色変化から水溶液が酸性かアルカリ性かを調べます。

0		7		14
強酸性	弱酸性	中性 弱アルカリ性		強アルカリ性

● pH試験紙

リトマス試験紙

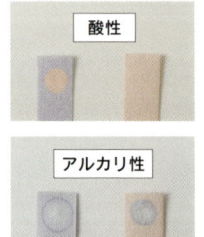

　赤色に変色すると酸性を、青色に変色するとアルカリ性を示します。試験紙は赤色と青色の両方に付けて確認します。色が薄くなった場合は、赤色試験紙は塩酸の蒸気に、青色試験紙はアンモニアの蒸気に当てると、色が濃く戻ります。

万能試験紙

ロールに巻いたタイプと短冊タイプがあり、pH 1 から 11 までの酸性・アルカリ性とその度合いを調べることができます。変色した試験紙の色と色見本を比べて pH を確認します。

● pH 試験液

水溶液に 1 滴～3 滴ほど加え、発色する色でその pH を調べます。変色域は、変色する pH の範囲を示し、指示薬の種類により異なります（紫キャベツ抽出液の指示薬は p.44 参照）。

BTB 溶液

酸性で黄色、中性で緑色、アルカリ性で青色を示します。中性の緑色は少しでも変わると黄色か青色となり、非常に鋭敏ですが、酸性またはアルカリ性での強さはあまりわかりません。

フェノールフタレイン溶液

酸性や中性では無色で、pH 8 を過ぎるとわずかにピンク色を呈し、9 以上で強い紅色を示します。アルカリ性が強すぎたり時間が経過したりすると、色は退色していきます。

③試薬を加えて調べる

●薄いヨウ素水溶液

水溶液中や植物中にでんぷんが存在すれば、青紫色～赤紫色に発色します。

●硝酸銀水溶液

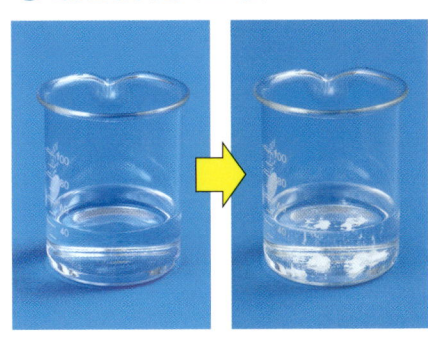

水溶液中に塩素が存在すれば白色に濁り、やがて沈殿します。この白色沈殿は、光が当たるとやがて黒変します。

点眼びん

滴下用の指示薬や水溶液は、点眼びんに入れておくと、すぐに滴下して調べられます。

※ヨウ素水溶液はプラスチック容器に入れて長期間置くとヨウ素が徐々に抜けます。硝酸銀水溶液は光が当たらないように茶色のびんに入れます。

2-3-2 濃度の決め方

濃度とは、溶液中に溶けている物質の割合を表したものです。その割合を質量（重さ）で表したのが質量パーセントまたはパーセント濃度、分子数など物質の粒子の数を基本に表したのがモル濃度で、それぞれ％、mol/L（もしくは M）の記号で表します。

濃い溶液の薄め方

10％や 2mol/L の水溶液を 5 倍に薄めて 2％や 0.4mol/L の水溶液にする場合、原液の水溶液をメスシリンダーに 10mL 取り、水を加えて全量を 50mL にしなければなりません。原液 10mL に水を 50mL 加えると、全量は 60mL となり、6 倍に薄めた水溶液（1.67％や 0.33mol/L）になってしまいます。

①パーセント濃度［％］

百分率ともいい、割合の 100 倍で表されます。パーセント濃度では、この溶液 100g 中に溶けている物質（溶質）が何 g であるかを表しています。質量の割合はわかりやすいのですが、この濃度の水溶液では、化学反応式での量的な関係を求めることはできません。発色する色で判断する（呈色反応）場合や、量関係が特に必要でない場合に使います。

作り方 （10％水溶液を 100g 作る場合）

水の密度は 1 g/mL なので、100mL は 100g となります。たとえば、ここに 10g の溶質を溶かすと、溶液全体の質量は 110g となるため、濃度は 10％ではなく 9.09％になります。10％の水溶液を 100g 作りたい場合は、溶質 10g と水 90mL を溶かし合わせて水溶液全体の質量を 100g にする必要があります。

電子てんびんで 10％の水溶液 100g を作る場合、乾いたビーカーなどの容器にまず溶質を 10g 量り取り、そこへ水を全量が 100g になるまで加え、てんびんから下ろしてからガラス棒などで完全に溶かせば 10％水溶液になります。

$$\frac{溶質の質量 [g]}{溶液の質量 [g]} \times 100 = 質量パーセント濃度 [％]$$

注意！ 食塩を 10g 入れ、水を 100mL 加えても 10％食塩水にはなりません。

②モル濃度　[mol/L あるいは M]

「モル（mol）」とは？

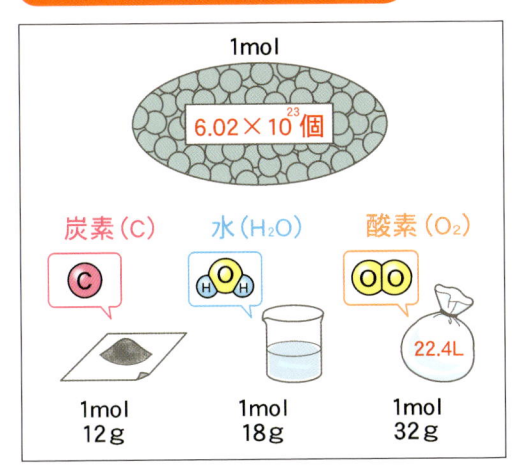

物質は、元素記号と原子数を使った化学式で表されます。化学式に含まれる原子の原子量をすべて足した値を式量といい、式量を g 単位で表せば、1 mol の質量となります。1 mol の質量は物質によって異なりますが、1 mol に含まれる粒子の数はすべて 6.02×10^{23} 個で、この数をアボガドロ定数といいます。物質によって粒子の大きさが異なるため、固体や液体での 1 mol の体積は異なります。気体は粒子が離れて飛び回っているので、粒子の大きさにかかわらず 0℃、1 気圧下で 1 mol の体積は 22.4L です。モルで表した量を物質量（モル数）といい、物質量に式量を掛け合わせると、物質の質量が求められます。

モル濃度（mol/L）は溶液 1 L 中に含まれる溶質の物質量を表し、溶液の体積と溶けている溶質の物質量が比例関係にあるので、化学反応式での量関係が容易に求められます。たとえば、2 mol/L 水酸化ナトリウム水溶液（NaOH）10mL 中には水酸化ナトリウムが 0.8g（0.02mol）含まれ、50mL 中には 4.0g（0.1mol）含まれます。

作り方　（1mol/L の溶液を作る場合）

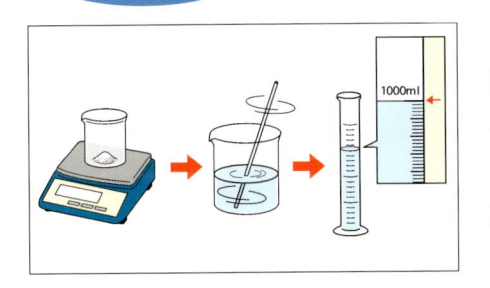

通常、試薬びんには式量が記されており、その質量に g をつけた質量が 1mol の質量です。その質量を量り取り、600〜800mL の水に溶かし、メスシリンダーに移して全量を正確に 1L にします。量り取る量を 1/10 にして水に溶かし、全量を 100mL にすれば、同じモル濃度の水溶液が 100mL できます。

③規定濃度（規定度）[N]

※規定度は現在の世界標準で使用せず、すべてモル濃度に統一しています。古い資料には規定度が用いられている場合があります。

酸やアルカリなど一定の反応能力を持つ物質は、1 mol で 1 mol の働きをする物質と 1 mol で 2 mol や 3 mol の働きをする物質があります。その場合、一律に物質量で量り取ると、能力の差が生じます。その能力が 1 mol に相当する量を 1 グラム当量といい、溶液 1 L 中に 1 グラム当量溶けた水溶液を 1 規定 [N] といいます。たとえば 1mol/L 溶液の塩酸（HCl）は 1 規定、硫酸（H_2SO_4）は 2 規定です。

2-3-3 水溶液の作り方

ここでは市販されている試薬※の濃度や純度【市販】と、各水溶液を作る場合の注意点【注意】および教科書等にある実験に用いる水溶液を作る方法【方法】について述べます。モル濃度と規定度の比較も示しました。水溶液を作るときは基本的にガラスビーカーを用い、温度が高くなった溶液は、常温になるまで冷やしてから試薬びんに移します。

※本書では、和光純薬の試薬1級または和光1級を基準としました。

① 希塩酸

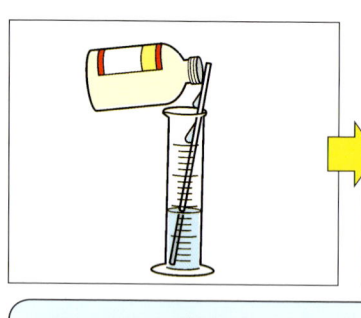

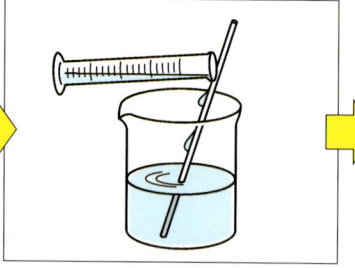

【市販】塩酸（和光1級）：35〜37%　11.3〜12 mol/L　《劇物》
【注意】塩酸（濃塩酸）のふたを開けると、塩化水素ガスがあふれ出るので、換気の良い場所で作業をします。必要量の2/3くらいの水をあらかじめ用意しておき、塩酸を測り取ったらすぐに取り置いた水に加えて薄め、塩化水素ガスが出ないようにします。そこへ水を加えて、全体の量を正確に合わせて希塩酸を作ります。
【方法】（1 mol/L＝1規定、［1M］＝［1N］）
　●3 mol/L 水溶液を作る
　　・開栓済みのびんから作る場合は、40 mLに水を加えて150 mLにします。※
　●2 mol/L 水溶液を作る
　　・開栓済みのびんから作る場合は、20 mLに水を加えて110 mLにします。※

※新しいびんから作る場合は全量を10 mL多くします。

② 希硫酸

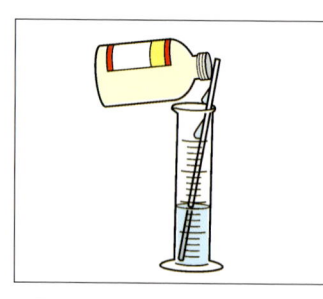

【市販】硫酸（和光1級）：95%　約18 mol/L　《劇物》
【注意】硫酸は水よりかなり密度が大きく、市販の硫酸（濃硫酸）は水のおよそ1.8倍で少し粘性のある液体です。揮発性はなくふたを開けてもガスは出ませんが、衣服や木材に付着すると発熱しながら反応して炭化します。希硫酸もやがて炭化させるので、衣服には付けないように、実験台上の硫酸はすぐに拭き取り、その雑巾も水でよくすすいでおきます。硫酸と水が混ざると激しく発熱するので、薄める作業は耐熱板上で行い、必ず多めの水に硫酸を注ぎながら薄めていきます。吸湿性があるので、ふたを開けた状態で放置しないように気をつけます。
【方法】（1 mol/L＝2規定、［1M］＝［2N］）
　●1 mol/L 水溶液を作る：硫酸10 mLを水に溶かし、全量を180 mLにします。

③水酸化ナトリウム水溶液

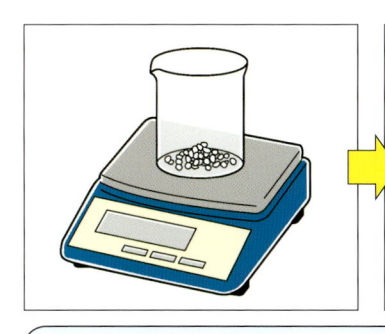

【市販】水酸化ナトリウム（和光1級）：93％以上　ドロップ状固体　《劇物》
【注意】空気中では水分を吸収して溶け出す性質（潮解性）があるので、薬包紙を使って量り取ると、表面が溶けて紙に付着することがあります。風袋引き機能のある電子てんびんを使うときは、乾いたビーカーに直接量り取り、すぐに水を加えて水溶液を作るようにします。水を加えて少し置くと、粒が互いに溶けて固まってしまうので、固まらないように混ぜながら水を加えていきます。また、溶けるときに水面からミストが発生するため、容器の横から眺めてミストを吸い込まないように注意します。
【方法】（1 mol/L＝1規定、［1 M］＝［1 N］）
- ●6 mol/L 水溶液を作る：水酸化ナトリウム 25.8g を水に溶かし、100mL にします。
- ●2 mol/L 水溶液を作る
  - ・6 mol/L 水溶液 40mL に水を加え、全量を 120mL にします。
  - ・水酸化ナトリウム 8.6g を水に溶かし、全量を 100mL にします。
- ●0.2mol/L 水溶液を作る
  - ・2 mol/L 水溶液 10mL に水を加え、全量を 100mL にします。
  - ・水酸化ナトリウム 0.9g を水に溶かし、全量を 100mL にします。

④希アンモニア水

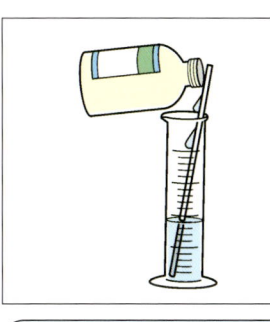

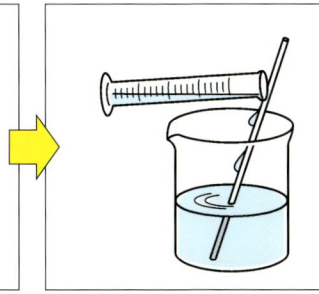

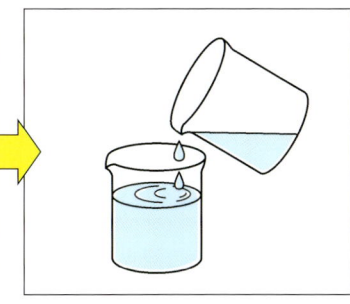

【市販】アンモニア水（和光1級）：25〜27.9％（13.3 mol/L〜14.5 mol/L）《劇物》
【注意】アンモニア水は開栓するとアンモニアガスが噴出するので、換気の良い場所で作業をします。希塩酸を作った直後にこの作業を行ってはいけません。塩化水素ガスが空気中に残っていると、アンモニアガスと反応して固体の塩化アンモニウムを生じ、周辺にこの物質が白色粉末となって付着します。
【方法】（1 mol/L＝1規定、［1 M］＝［1 N］）
- ●2 mol/L 水溶液を作る
  - ・開栓済みのびんから作る場合は、40mL に水を加えて 260mL にします。
  - ・新しいびんから作る場合は、40mL に水を加えて 290mL にします。

⑤硫酸銅（Ⅱ）水溶液

【市販】硫酸銅（Ⅱ）五水和物（結晶硫酸銅）：99％以上 《劇物》
【注意】硫酸銅は有毒なので、水溶液は流して廃棄してはいけません。重金属用タンクに入れておき、廃棄業者に処理してもらいます。
【方法】
- 1 mol/L 水溶液を作る：結晶 25g を量り取り、水に溶かして全量を 100mL にします。

⑥硝酸銀水溶液

【市販】硝酸銀：99.5％以上 《劇物》
【注意】結晶・水溶液ともに感光性があるので、暗い場所に保管します。薄い水溶液は殺菌作用がありますが、できれば水溶液は流さずに重金属用タンクに入れておき、廃棄業者に処理してもらいます。水溶液が皮膚に付くと、皮膚内で銀粒子を生じてやがて黒く変色します。この色は洗ってもすぐには落ちませんが、皮膚細胞の代謝によりやがて消えます。水溶液が繊維に付着するとやはり黒変し、これは洗っても色は落ちません。
【方法】
- 10％水溶液を作る：結晶 10g を水に溶かして全量を 100g にします。
- 1 mol/L 水溶液を作る：結晶 17g を水に溶かし、全量を 100mL にします。

※硝酸銀水溶液にアンモニア水を加えると灰黒色の沈殿を生じますが、さらにアンモニア水を加えると沈殿は溶けます。この水溶液をアンモニア性硝酸銀水溶液と言い、還元作用のあるブドウ糖の水溶液等に加えて温めると、ガラス内壁に銀が析出して鏡のようになります（銀鏡反応）。このようにアンモニア性硝酸銀水溶液は、水溶液中に溶けている物質が還元作用を示すかどうかを調べる試薬として使います。しかしこの水溶液は、放置すると水溶液でも爆発する恐れがあるので、作ったら保存しないで使い切るようにします。

溶液の取り扱い

2-3-4　常備しておく溶液

①酸・アルカリ指示薬

溶液は点眼びんに小分けして、実験に使用する数をあらかじめ作っておくといつでも使えます。

● BTB（ブロモチモールブルー）溶液：中性が変色点で緑色

【性質】酸性色　変色域（pH）　アルカリ性色
　　　　黄　6.0 ～ 緑 ～ 7.6　　青
【方法】0.1g にエタノール 20mL を加えて溶かし、水を加えて全量を 100 mL にします。

●フェノールフタレイン溶液：アルカリ性側が変色点

【性質】酸性色　変色範囲（pH）　アルカリ性色
　　　　無　　8.3 ～ 10.0　　　紅
【方法】1.0g にエタノール 90mL を加えて溶かし、水を加えて全量を 100 mL にします。

②化学反応用試薬

●石灰水：二酸化炭素の確認に用いる

【性質】水酸化カルシウムの飽和水溶液のことを石灰水といいます。石灰水中に二酸化炭素を通すと炭酸カルシウムの白色沈殿を生じる（白濁する）ことで確認しますが、さらに通し続けると沈殿は溶解するので、沈殿を生じた（白濁した）ところで通すのをやめて確認します。石灰水は空気中に出すと二酸化炭素と反応して表面に炭酸カルシウムの膜を生じるため、直前に容器に入れて用いるようにします。
【方法】石灰水作成用のタンク（水栓コックが少し上に付いたタンク）に水酸化カルシウムを入れ、水を加えてから振って混ぜ、そのまま数日静置しておきます。上澄み液が無色透明になったら、コックを開けて上澄み液を取り出して用います。

●過酸化水素水：酸素の発生実験に用いる

【市販】約 30% 《劇物》
【性質】酸化作用が強く、市販原液が皮膚に付着すると細胞が壊死して白く変色（いわゆる化学やけど）してしまいます。薄めた水溶液も酸化作用があり、3％水溶液は酸化作用による脱色剤としても使われます。
【方法】● 10％水溶液を作る：10mL を水で薄めて 30mL にします。
　　　　● 5％水溶液を作る：10mL を水で薄めて 60mL にします。

●ヨウ素水溶液：ヨウ素でんぷん反応に用いる

【性質】ヨウ素の水溶液を作るにはヨウ化カリウムを必ず溶かすので、ヨウ素ヨウ化カリウム水溶液ともいいます。でんぷん水溶液とは微量で顕著な発色をする(ヨウ素でんぷん反応)ことから、でんぷんの確認試薬として用いられます。鋭敏な反応なので、ごく薄いヨウ素水溶液（0.01mol/L 程度）を用います。プラスチック容器に保存するとヨウ素が抜けるので、ガラスびんに保存します。
【方法】・ヨウ化カリウム 1g を 100 mL の水に溶かし、そこへヨウ素を 0.2 ～ 0.3 g 溶かす。
　　　　・市販の 0.1mol/L ヨウ素水溶液 10 mL に水を加えて 100 mL にします。

> コラム

紫キャベツでpH指示薬を作る

●紫キャベツを見つけたらすぐ購入

　キャベツは夏場を中心とした季節野菜で、特に紫キャベツはスーパーや八百屋さんにはないことの多い野菜です。そこで店で売っていたら迷わず購入し、芯を中心に八等分くらいに切り分け、一片ずつラップで丁寧に包んで冷凍しておきます。この冷凍紫キャベツを使えば、冬場でも抽出液を作って実験に使えます。

●実験の前日から準備

　紫キャベツを冷凍することにより細胞が破壊され、色素の抽出が容易となります。実験を行う前日に冷凍紫キャベツを取り出し、ビーカーに入れて必要量の水を加えてラップを掛け、冷蔵庫に入れておきます。

　翌日冷蔵庫からビーカーを出すと、紫キャベツの色素抽出液ができています。抽出液をこして紫キャベツの葉を取り除けば、透き通った紫色の抽出液ができます。冷温下で色素を抽出するため、キャベツ臭はそれほどなく、しかも余分な成分はあまり出ないので、透き通った抽出液が得られるのです。

●紫キャベツは7色に変色

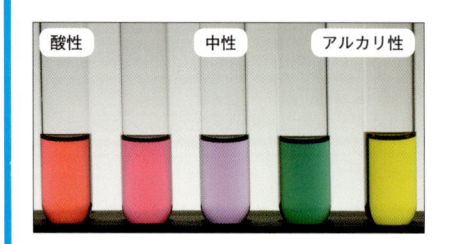

　抽出液は酸性では赤く、中性になるにしたがって紫色になり、アルカリ性では青色から緑色に変化します。強アルカリ性下で黄色になると、その後pHを酸性にしても変色しなくなります(p.60-61参照)。

第3章

実験してみよう

3-1 「とける」とは？

POINT 「とける」の意味は、①液体に溶解する、②固体が融解する、③固体が液体と反応して生成物が溶解する、の3つに分けられます。

用意するもの

蒸留水
試験管
硫酸銅（Ⅱ）五水和物（結晶）
試験管立て
はんだ
ガスマッチ
ピンセット
スタンド
希塩酸（3mol/L）
アルミホイル
（1cm×1cmに切ったもの）

3つの実験で、「とける」の違いを比べてみましょう。

①溶解する（溶ける）

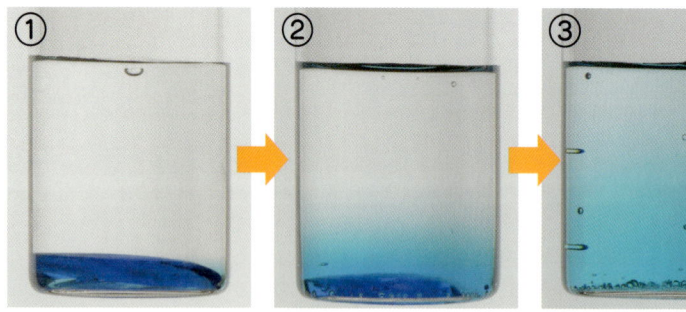

① 水10mLに硫酸銅（Ⅱ）五水和物結晶を1g入れます。

② かき混ぜず、そのまま静かに置きます。

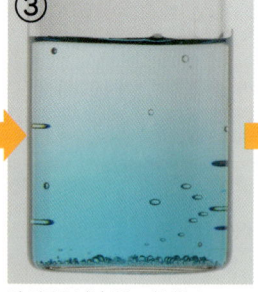

③ 硫酸銅が溶け、拡散していきます。

④ 1～2日たつと、均一な水溶液になりました。

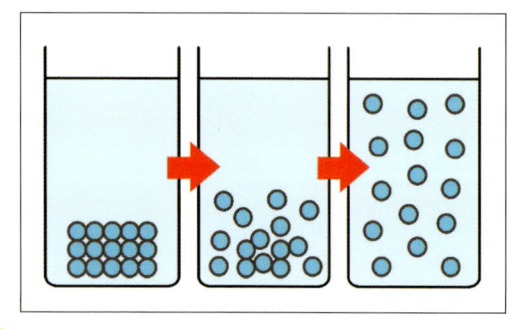

＋の金属イオンと－のイオンが結び付いた塩の多くが水に溶けるのは、イオンが水分子と結び付いて（水和）分散するからです。糖類など分子からなる物質は、水分子と結び付く構造を持つためよく溶けます。水溶液の温度を下げる、水を減らすなどをすれば溶けた物質が再び析出（再結晶）します。

第3章 実験してみよう

②融解する（融(と)ける）

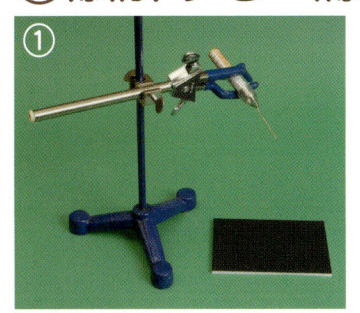

① はんだをスタンドにセットし、先を下に向けます。

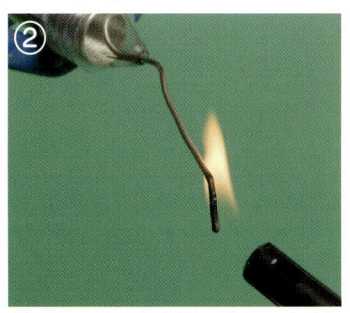

② ガスマッチの火を当てると、すぐに融解して下に落ちます。

③ 落ちたはんだは、そのままの形で冷えて固まります。

融解した鉄

　すべての物質は温度を上げるにしたがって固体から液体、さらに気体へとその状態を変化させます。固体が液体になる変化を融解といい、一般に融けると言います。融解する温度を融点といい、物質に固有なので融点の測定は物質を同定する方法の一つでもあります。融解液を冷却すると、また元の固体に戻ります。

③反応して溶ける

① 希塩酸5mLにアルミホイルを少量入れます。

② アルミホイルの表面から泡が出て、気体が発生します。

③ アルミホイルが希塩酸と反応し、ぼろぼろになります。

④ アルミホイルは見えなくなりました。

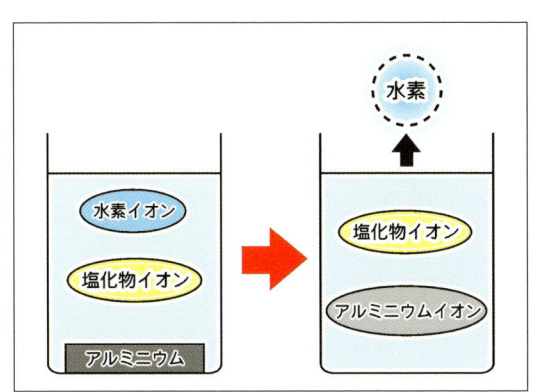

水素イオン／塩化物イオン／アルミニウム → 水素／塩化物イオン／アルミニウムイオン

　アルミニウムや亜鉛等の金属片を希塩酸に入れると、気体（水素）を発生しながら金属片は見えなくなります。固体がなくなって液体のみになるため「溶ける」と表現しますが、残った水溶液を蒸発させても元の金属は析出しません。これは塩酸と金属が化学反応し、生じた物質（塩(えん)の一種）が水に溶けているからです。

47

3-2 炎色反応

POINT 炎色反応に白金線を用いると、炎色は一瞬しか出ませんが、石英ウールを用いると長い時間観察できます。また、キャンピングバーナーを用いれば、どのような場所でも炎色反応を観察することができます。

用意するもの

キャンピングバーナー
石英ウール
塩化リチウム、塩化ナトリウム、塩化カリウム、塩化ルビジウム、塩化セシウム、塩化カルシウム、塩化ストロンチウム、塩化バリウム、塩化銅（Ⅱ）のうちどれか
水
ビーカー（塩化物の数）
ピンセット（塩化物の数）
分光シート
画用紙

炎色反応は、元素周期表の1族 Li、Na、K、Rb、Cs や2族 Ca、Sr、Ba、11族の Cu の化合物が高温の炎の中で特有の色を示す反応で、化合物中に含まれる金属元素を調べる方法の一つです。

炎色反応とスペクトル

可視光線は、波長が 380 〜 780nm の電磁波です。この波長の光がすべて混ざると無色になりますが、それぞれの波長の光には色があります。ガラス面や水面に斜めから入射すると屈折率が波長ごとに異なるため、虹のように色が分かれます。炎色反応の炎色は通常いくつかの波長の光が混ざっているので、分光器や分光シートで見るとスペクトル線が観察できます。

第3章　実験してみよう

①石英ウールとキャンピングバーナーで観察する

① 用意した塩化物をそれぞれ少量の水に溶かします。

② ピンセットは塩化物ごとに別の物を使う
石英ウールを塩化物の数だけ適当な大きさにちぎります。

③ 石英ウールをそれぞれの水溶液に水滴が垂れない程度につけます。

④ キャンピングバーナーに火をつけ、石英ウールを炎の上部に入れます。

塩化ナトリウム　塩化ストロンチウム　塩化銅(Ⅱ)

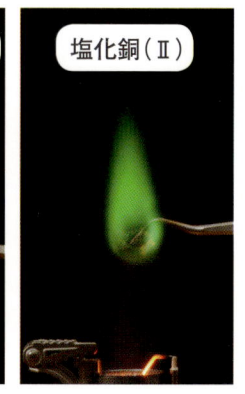

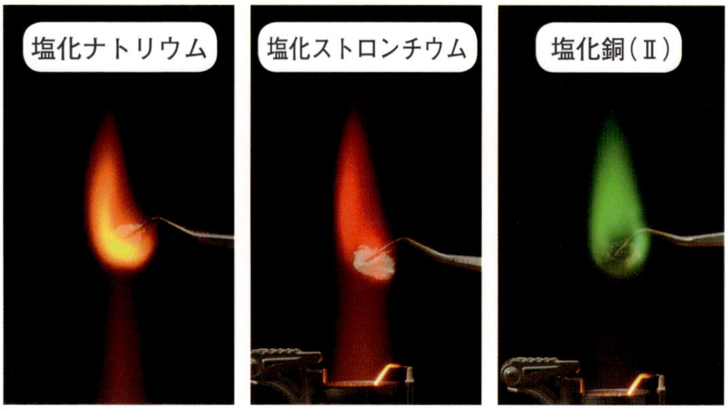

それぞれの金属元素に特有の炎色を観察することができます。

②分光シート(グレーティングシート)でスペクトルを観察する

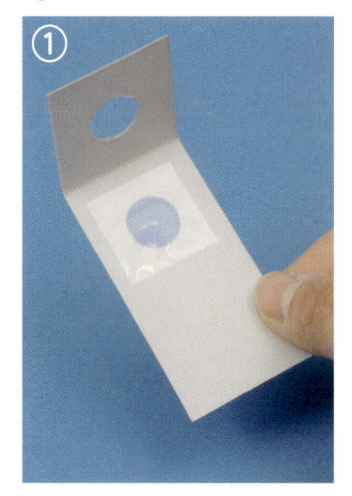

① 分光シートを小さく切り、穴を開けた画用紙にはさみます。

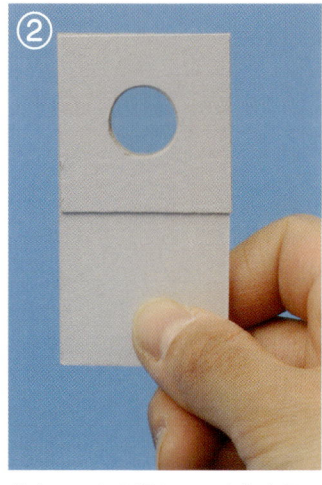

② 分光シートを通して、炎色を見てみましょう。

たとえば、ナトリウムの炎は、単色の黄色い炎であることがわかります。

3-3　気体の実験

3-3-1　水素発生装置を作る

POINT　可燃性の気体は、空気がある割合で混じると爆発します。爆発現象が起こる空気との混合割合を爆発限界といい、水素はこの範囲が非常に広く爆発しやすい気体です。水素を安全に捕集するには、空気と混じらない装置で素早く行うことです。

用意するもの
ペットボトル（2L）
ペットボトル（900mL）
亜鉛（花状）
希硫酸（3mol/L）[※1]
硫酸銅（Ⅱ）五水和物（適量）[※2]
水槽
ガラス管付きゴム栓（5号）
ガラス管（内径6mm）
シリコン管（内径8mm）
目玉クリップ
ピンチコック
くぎ
ラジオペンチ

[※1] 作り方：2Lビーカーに水を900mLほど入れ、ガラス棒で混ぜながら硫酸200mLを少しずつ入れ、入れ終わったら水を加えて全量を1200mLにします。
[※2] 水素の発生速度を速くするために加えます。

発生装置は希硫酸があふれる場合もあるので、水槽の中に置きます。純粋な水素が亜鉛の入ったペットボトル中に常にたまっているので、必要なときにコックを開けて捕集します。

ペットボトルで作った発生装置の特徴

ペットボトルなので容器が軽く、割れにくいので丈夫で安全です。反応させる亜鉛は底に小さな穴を開けた小型のペットボトルに入れ、希硫酸の中に浮かないように沈めます。最初に発生する水素は空気が混入しているので放出してからピンチコックを閉めます。必要なときにピンチコックを開くと、すぐに純粋な水素を捕集することができます。

第3章　実験してみよう

水素発生装置の作り方

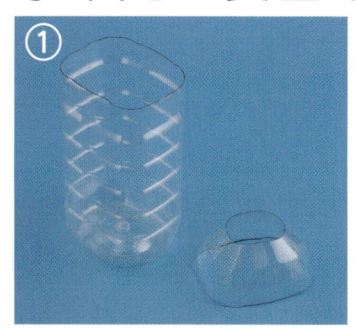

① 2Lのペットボトルの上部1/5ほどを切り離し、口の部分を切り取ります。

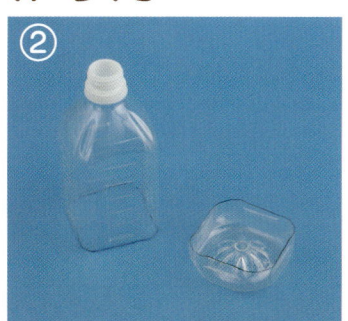

② 900mLのペットボトルの下半分を切り離し、底を3cmほど切り取ります。

③ 切った底を逆さにして、上半分にはめ込みます。

④ 底の部分に、熱したくぎで何か所か穴を開けます。
側面にも穴を開けて底と上半分を接着する

⑤ 穴を開けたので、底の部分から液体が通過できるようになりました。

⑥ ペットボトルの口から、花状亜鉛を適量入れます。

⑦ ペットボトルにガラス管付きゴム栓をはめ、穴を開けたふたに通します。

⑧ 水素発生用希硫酸に硫酸銅を少量加え、①のペットボトルに入れ、水槽中に置きます。

⑨ ピンチコックつきシリコン管をつける
⑦の容器を入れ、①の上部を逆さにして⑦の容器を押さえます。

⑩ 目玉クリップで押さえを固定して、容器の浮き上がりを防止します。

⑪ ピンチコックを開けると水素が発生し、閉めると発生が止まります。

注意！

- ピンチコックを開けたままにしないこと
- 水素の発生速度が遅くなったら、希硫酸と亜鉛を取り替えること
- 希硫酸が手や服についたらすぐに流水で洗い流すこと

51

3-3-2 水素の性質を試す

POINT 水素発生装置で水素を発生させ、上方置換で集めてその純度を確認し、爆鳴気の実験で水素の性質を調べます。

用意するもの

水素発生装置（p.50-51 参照）
ガラス管（内径6mm）
試験管
ゴム栓
マッチ
ペットボトル（500mL）
ガラス管付きゴム栓（5号）
ガスマッチ

捕集した水素が少しずつ空気と混ざっていき、爆発限界を超えると大きな音とともにペットボトル内で爆発します。

水素の性質と注意点

　水素は、分子が小さくて軽く拡散速度が非常に速いため、漏れやすい可燃性の気体です。爆発限界は4〜74％と非常に広いので、空気がこの割合で混じっていると必ず爆発します。水素は、燃えると水しか発生しないので環境に優しい燃料ですが、一方で安全に保管するのが難しい気体です。そのため、水素を安全に捕集するには、空気と混ざらない工夫をした装置で素早く行うことが必要です。

　水素の燃焼により水を生じることは、乾いた試験管中で燃焼させると試験管の内壁に水滴を生じることで確認できます。試験管中の水素に点火すると、空気が爆発限界内で混じっていれば「ポン」と音がして爆発し炎は出ませんが、純度の高い水素は青白い炎で静かに燃焼します。

　水素発生装置内にたまった水素は、試験管に捕集してこの点火実験を行います。爆発すれば少し放出して再度点火実験を行い、静かに燃焼することを確認します。純度の高い水素は、爆発の危険はありません。

気体の実験

第3章 実験してみよう

①水素の純度を確かめる 💥

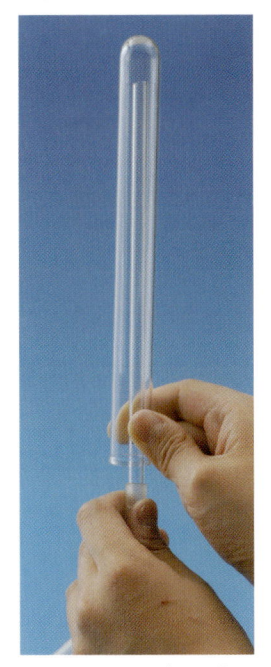

装置につけたガラス管を試験管の底まで入れます。

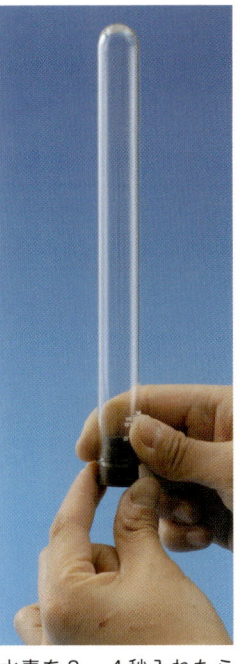

水素を3〜4秒入れたらすぐにゴム栓をします。

火を近づけ、ゴム栓を外して点火します。

> **水素の発生を確認**
>
> ○**純度が低いとき**
> 爆発限界内で混合しており、点火すると爆発して「ポン」という音がし、試験管内に水滴が生じて曇ります。
>
> ○**純度が高いとき**
> 捕集した水素に点火すると、試験管内で炎が静かに燃え上がり、内壁が生じた水滴で曇ります。

②爆鳴気の実験 💥

ペットボトルの底を切り、口にガラス管付きゴム栓を付けます。

ガラス管の口を押さえ、上方置換で水素を一気に捕集します。

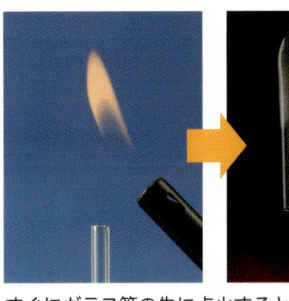

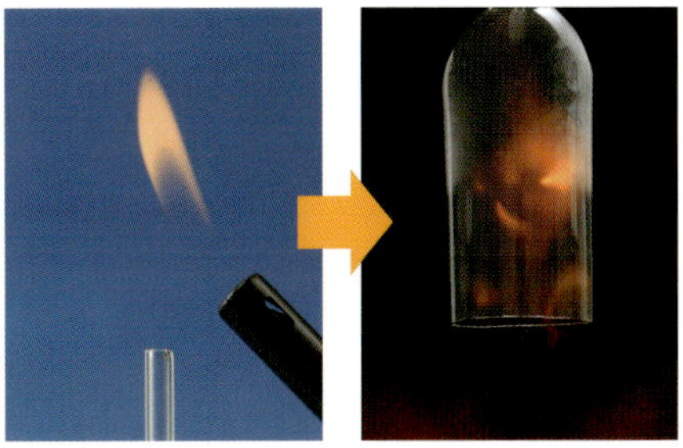

すぐにガラス管の先に点火すると炎を生じて静かに燃え続け、やがて振動を始めた後、炎がガラス管内を走って爆発します。爆風は、開いた底から出るので、体から離して垂直に支えれば安心です。

> **注意！** 🔥
> 火をつけたら、腕をまっすぐ伸ばしてゴム栓の部分を持ってしっかり支えます。

3-3-3 二酸化炭素の発生

POINT 二酸化炭素は、希塩酸と石灰石のほかにも、卵の殻や大理石と食用酢などで発生させることができます。二酸化炭素の発生を確かめるには、石灰水を用います。

用意するもの

三角フラスコ	集気びん
ろうと	スタンド
ゴム管	ガラス管
ガラス管付きゴム栓	ピンチコック
希塩酸（3mol/L）	石灰石または大理石
石灰水	

二酸化炭素は下方置換で集めます。水に溶けますが、水上置換でも集めることができます。

三角フラスコに石灰石を入れ、ろうとを使って希塩酸を少量注ぎます。

希塩酸が捕集用のガラス管に届かないように気をつけます。

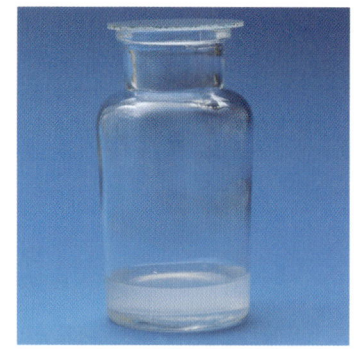

捕集した集気びんに石灰水を入れ、軽く振ると、白く濁ります。

●二酸化炭素の性質

空気より重い（密度が高い）気体で、水には比較的よく溶けてごく弱い酸性を示します。炭酸化合物に酸を加えると発生するので、実験では石灰石や大理石と希塩酸を反応させますが、重曹（炭酸水素ナトリウム）と有機酸（フマル酸など）を固めて作られる発泡入浴剤に少量の湯を加えても発生します。常圧下では液体にならず、固体は−78.5℃で直接気体になるため、ドライアイスとして用いられます。

発泡入浴剤の利用

二酸化炭素は発泡入浴剤に湯を入れて発生させることもできます。

第3章　実験してみよう

3-3-4　酸素の発生

POINT　酸素を発生させるには、薄めた過酸化水素水（オキシドール）と二酸化マンガンを用います。このとき、二酸化マンガン自体は反応せず、発生を助ける触媒として働きます。

用意するもの

三角フラスコ	集気びん
ろうと	スタンド
ゴム管	ガラス管
ガラス管付きゴム栓	ピンチコック
水槽	オキシドール
二酸化マンガン	スチールウールなど

酸素は水にあまり溶けないため、水上置換で集めます。

ろうとを使ってオキシドールを注ぎ、接続部のピンチコックを開けます。

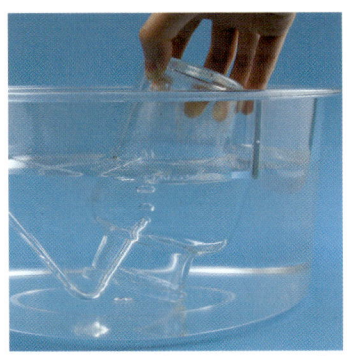

フラスコ内の空気を放出させた後、酸素を集気びんに集めます。

酸素の中に火のついたスチールウールなどを入れると激しく燃えます。

●酸素の性質

酸素は、空気中に約 21％ 含まれる反応性が高い気体です。熱と光を伴って酸素と反応する現象が燃焼で、ゆっくり反応するのが金属などのさびです。純粋な酸素中では、可燃物は激しく燃焼します。沸点は −183℃ で窒素の沸点（−196℃）より高いため、液体窒素で冷やすと液体の酸素が得られます。液体酸素は青みがかった色をしており、この中で可燃物は激しく燃えます。

酸素ボンベを使う

すぐに気体の性質を調べたい場合は、ボンベを用いると便利です。

55

3-4 物質の三態

3-4-1 液体の二酸化炭素を作る

POINT 二酸化炭素は、大気圧下では、固体から直接気体になり（昇華）ますが、高圧下では液体となります。

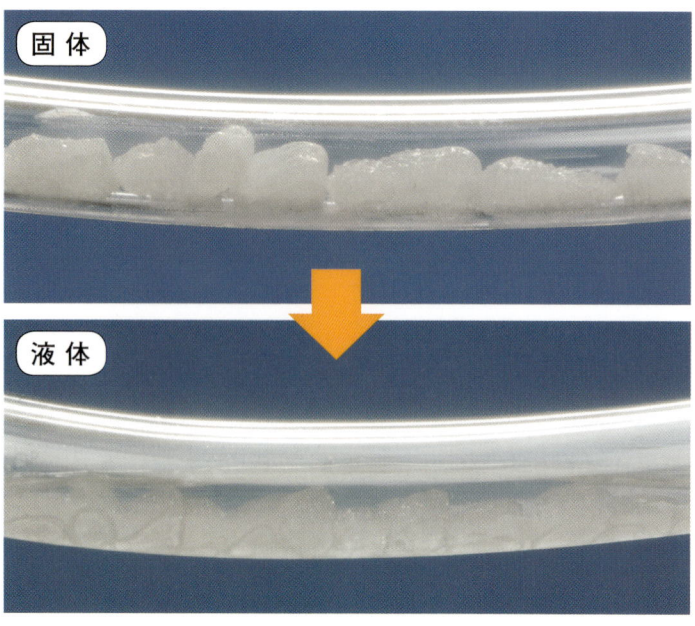

固体

液体

用意するもの
厚手の塩化ビニルチューブ
　（8×11mmと12×15mm）
ドライアイス
ピンチコック（2個）
軍手
細長い棒

固体の二酸化炭素（ドライアイス）が液化したのを確認したら、人がいない方に向けてピンチコックを開けると、再び固体に戻ります。

注意！

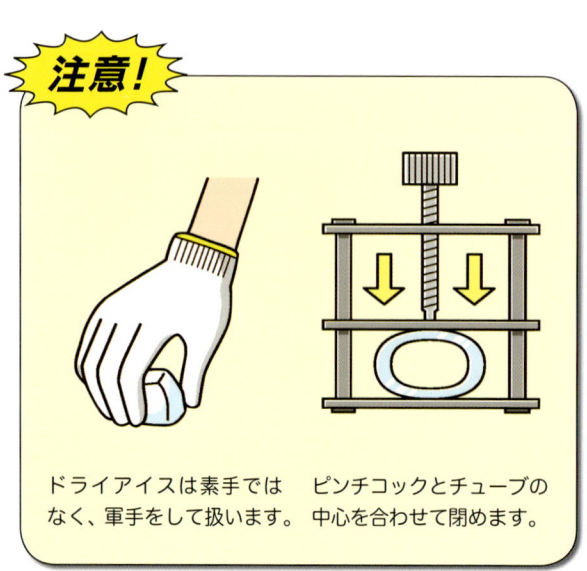

ドライアイスは素手ではなく、軍手をして扱います。

ピンチコックとチューブの中心を合わせて閉めます。

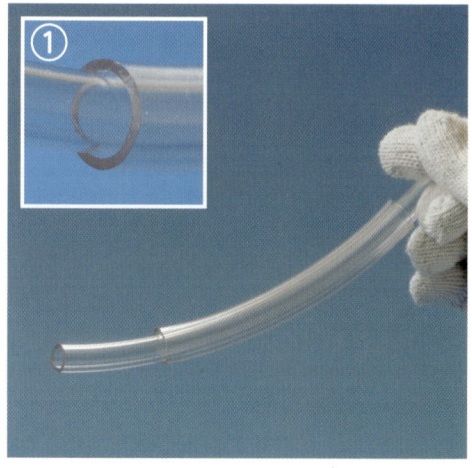

① 8×11mmと12×15mmのチューブを二重に重ね、チューブの破裂を防ぎます。

第3章　実験してみよう

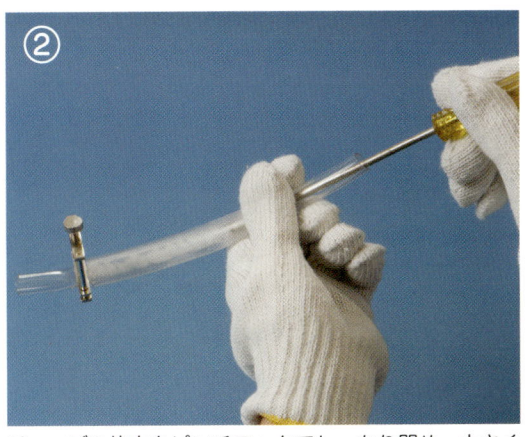

② チューブの片方をピンチコックでしっかり閉め、小さく砕いたドライアイスを入れます。

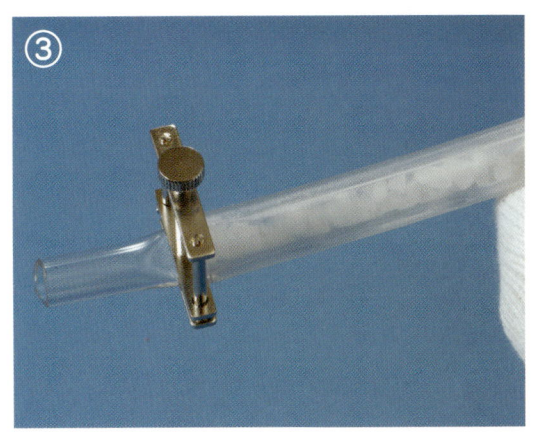

③ ドライアイスをつめたら、ピンチコックがしっかり閉まっていることを再度確認します。

④ 反対側のチューブの口もピンチコックで閉じます。数秒すると、二酸化炭素の液化が始まります。

⑤ 液体の二酸化炭素を確認したら、口を人のいない方に向けてピンチコックを開け、圧力を戻してから片付けます。

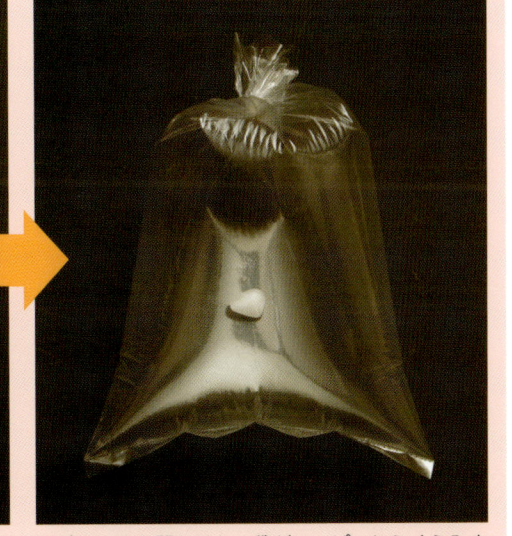

二酸化炭素の昇華

ポリエチレンの袋にドライアイスのかけらを入れて、輪ゴムで口を閉じると、袋がいっぱいにふくらみます。固体の二酸化炭素は気体になると約750倍もの体積になります。袋が破裂する前に口を開けましょう。

3-4-2 水の三態

POINT 水から水蒸気、水蒸気から水、水から氷への変化を通じて、水の温度と状態変化の関係、体積の変化を確かめましょう。

用意するもの
- 水　　　　ビーカー
- 沸騰石　　アルコールランプ
- 三脚　　　金網
- アルミホイル　スタンド
- 棒温度計　ろうと
- ゴム管　　ポリエチレンの袋
- 氷　　　　食塩
- 試験管　　ビニルテープ

水蒸気は目に見えませんが、空気中で冷えてすぐに湯気（小さな水のつぶ）になります。水が氷になると、体積が増加します。

①水から水蒸気への変化

ビーカーに半分ほど水を入れ、アルミホイルでふたをして穴を開けます。

注意！
- 発生する水蒸気は大変熱いので、ビーカーの上に手をかざさないように気をつけましょう。
- ビーカーが倒れないように気をつけましょう。

沸騰すると水の底から激しく泡が立ち、水蒸気は穴から出てすぐ湯気になります。

温度を測る際は、ビーカーに触れないように棒温度計をつるします。

第3章 実験してみよう

②水蒸気から水への変化

水が沸騰して出てくる水蒸気がろうとからゴム管に伝わり、冷やされた水蒸気が水となって、袋に集まります。

注意！
・ポリエチレンの袋が融(と)けると危険なので、火に近づけないようにしましょう。
・ゴム管を引っぱらないように注意しましょう。

ろうとを使って気体を集め、冷やすと液体に戻ることから水を加熱して出てくる泡や湯気が水であることを確かめます。

ゴム管をつないだろうとを水に入れ、先に袋をかぶせた状態で水を加熱します。

③水から氷への変化

ビーカーに氷を入れ、多めの食塩を加えてよく混ぜます。

注意！
・氷に食塩を混ぜると急激に温度が下がるので、ビーカーは素手で触らないでください。
・試験管を氷にぶつけて割らないように気をつけましょう。

氷に食塩を混ぜて寒剤を作り、水を凍らせることができます。水は固体になると体積が増加することが確かめられます。

試験管をビーカーの壁面に付け、水が氷になっていく様子を観察しましょう。

ビニルテープで印を付けておくと、体積の増加がわかります。

3-5　酸とアルカリ

3-5-1　試験管の中に虹を作る

POINT　試験管に入れた紫キャベツ抽出液は、上部を酸性、下部をアルカリ性にすると、試験管の中に虹のような色模様が現れます。

用意するもの

炭酸ナトリウム（無水）
希塩酸（6mol/L）
紫キャベツ抽出液（p.44参照）
試験管（内径18mm）
試験管立て
ガラス棒
薬さじ
点眼びん

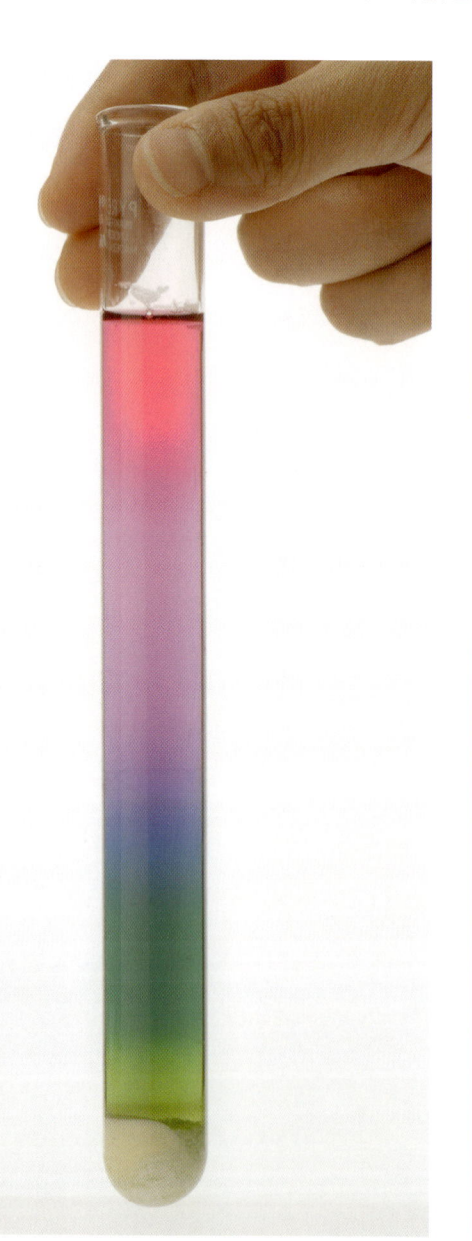

静かに置くと、上部は酸性の赤色、下部は炭酸ナトリウムの緑色や黄色が長時間保たれます。

試験管中にできる濃度勾配

　試験管に溶け残りが出る量のアルカリ性固体を入れ、水を8割ほど加えてアルカリ水溶液を満たします。ここへ希塩酸を滴下して上部の液体だけを混ぜると、上部は酸性・下部はアルカリ性の濃度勾配ができます。
　アルカリ性固体に無水の炭酸ナトリウムを用いると、沈殿した固体が少しずつ溶けて下部は常にアルカリ性に保たれます。水ではなく、紫キャベツの抽出液を用いると、試験管の中に虹色の模様が現れます。

第3章　実験してみよう

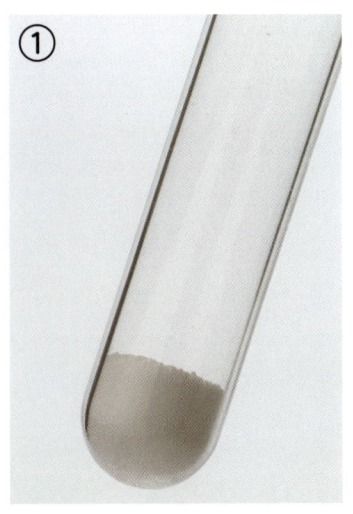

① 試験管に無水炭酸ナトリウムを薬さじ1杯ほど入れます。

② 紫キャベツ抽出液を試験管の7～8割まで一気に入れます。

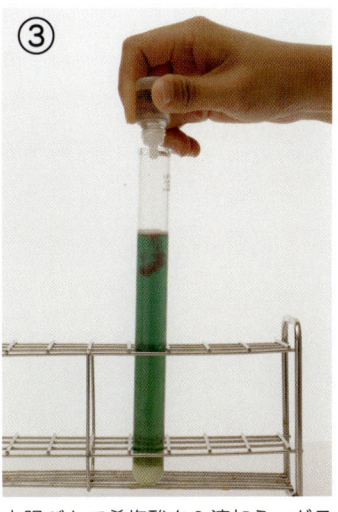

③ 点眼びんで希塩酸を1滴加え、ガラス棒で試験管の上部を混ぜます。

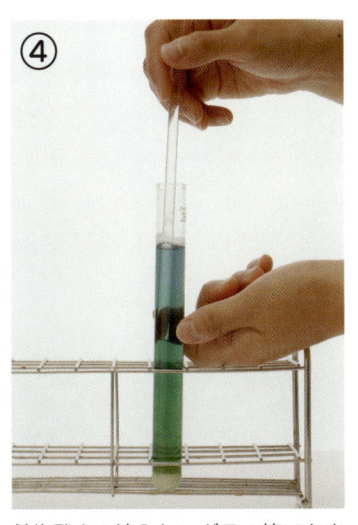

④ 希塩酸を1滴入れてガラス棒でかき混ぜる操作を繰り返します。

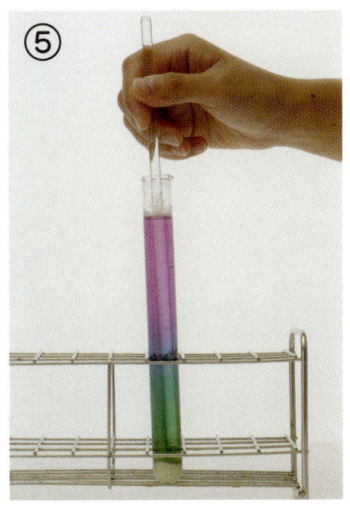

⑤ 酸性部分が多すぎるときは、試験管の下部を静かに混ぜます。

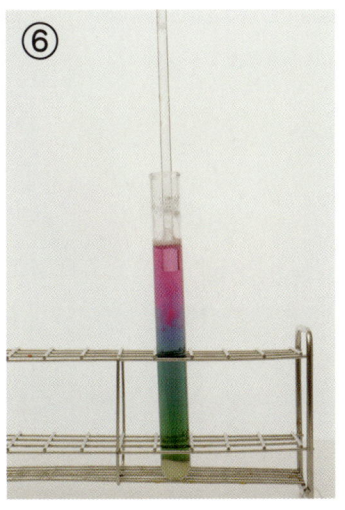

⑥ 上部が強い酸性（赤色）になったらそのまま静置すると、やがて虹が現れます。

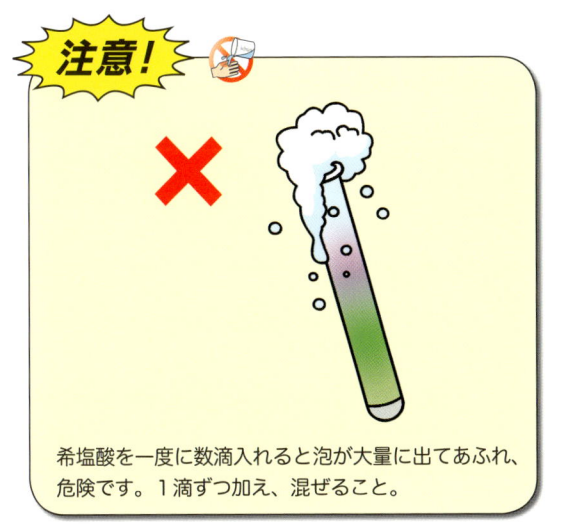

注意！

希塩酸を一度に数滴入れると泡が大量に出てあふれ、危険です。1滴ずつ加え、混ぜること。

かき氷のシロップ（植物性色素使用）

マローブルー（ハーブティー）

身近な所で酸やアルカリで変色する物を探しましょう。

61

3-5-2　突然色が変わるふしぎなカード

POINT　酸性やアルカリ性で変色する指示薬には、さまざまな色を示すたくさんの種類があります。中性の紙に複数の指示薬を絵の具のように使って絵を描き、表面をアルカリ性にすると描いた絵の色が突然変わります。

画用紙に指示薬で色を付けた絵に、アルカリ性水溶液をつけたローラーを掛けると突然色が変わります。

用意するもの
画用紙
指示薬（フェノールフタレイン、ブロモチモールブルー、ブロモクレゾールパープル、フェノールレッド、ニュートラルレッド、クレゾールレッドなど）
ビーカー
駒込ピペット
ガラス棒
エタノール（無水）
点眼びん（指示薬の種類×班の数）
綿棒[※1]
ペンキ用ローラーとローラー台
新聞紙
炭酸ナトリウム（無水）[※2]
中性洗剤
鉛筆

[※1]　指示薬液を含ませて色付けに使います。
[※2]　ローラー台に中性洗剤を加えこの水溶液を作ります。ローラーは使用ごとに液だめで液を含ませ、陸の部分でよく絞って使います。

●酸・アルカリ指示薬の色と変色域

　酸・アルカリ指示薬とは、水溶液中で酸性・アルカリ性と、その強さ（pH）により色が変わる色素のことです。指示薬によって、色調と変色するpH領域も異なり、変色するpH範囲を変色域と言います。いくつかの指示薬の色とその変色域を、右の表にまとめました。

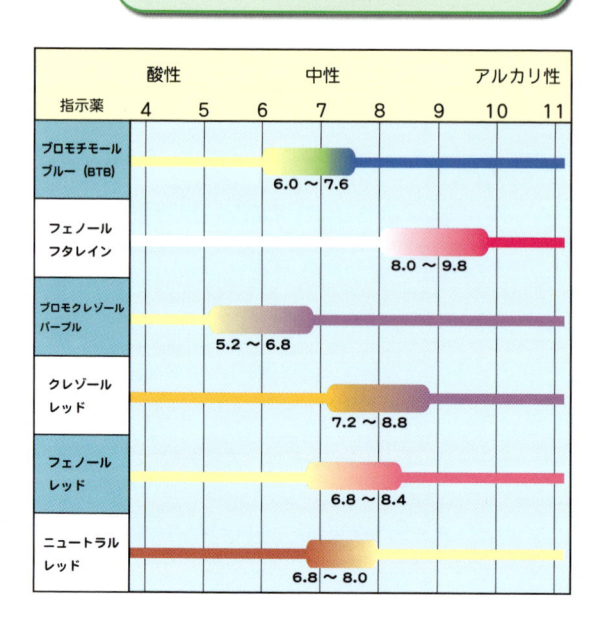

指示薬	酸性 4	5	6	中性 7	8	9	アルカリ性 10	11
ブロモチモールブルー（BTB）			6.0 〜	7.6				
フェノールフタレイン					8.0 〜	9.8		
ブロモクレゾールパープル		5.2 〜	6.8					
クレゾールレッド				7.2 〜	8.8			
フェノールレッド				6.8 〜	8.4			
ニュートラルレッド			6.8 〜	8.0				

第3章 実験してみよう

①色見本を作る

① 指示薬1gをエタノール100mLに溶かした溶液を作り、点眼びんに入れます。

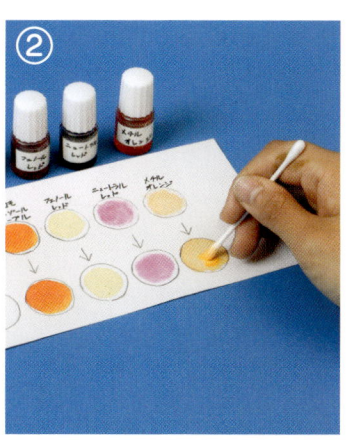

② 画用紙に指示薬名を書いておきます。綿棒に指示薬を含ませ、各指示薬部分に2か所ずつ色を付けます。

③ 中性洗剤を加えた炭酸ナトリウム水溶液をごく薄くローラーに含ませ、指示薬の片方に掛けます。

②絵を描く

① 画用紙に鉛筆で下絵を描き、綿棒を使って指示薬で色付けをします。

② 炭酸ナトリウム水溶液を含ませたローラーを掛けると、突然色が変わります。

③ フェノールフタレインで文字を書いておくと、見えない文字が突然現れます。

身の回りの酸・アルカリ

酸性

アルカリ性

身近な所にもトイレ用洗剤・レモン・食酢などの酸や、重曹・アルカリ性洗剤・石けんなどのアルカリが使われています。

63

3-6　酸化と還元

3-6-1　安全・簡単なテルミット反応

POINT　テルミット反応とは、アルミニウム粉末を用いて金属酸化物を還元する激しい反応のことです。非常に危険な反応ではありますが、反応物の量や容器および点火方法を工夫すれば、屋内でも安全に行うことができます。

用意するもの

紙粘土
るつぼ（0号）
アルミホイル
ウエットティッシュ
耐熱板※
ビーカー（水槽でも可）
薬さじ
フィルムケース
るつぼばさみ
アルミニウム粉末（塗料用）
べんがら
過マンガン酸カリウム
グリセリン
点眼びん
プラスチックケース
ネオジム磁石
水

※火花が飛ぶので、数枚使います。

点火すると火柱が30cmほど上がって数秒で消えます。テルミット反応による高温で、還元された鉄は真っ赤に融けます。

テルミット反応

テルミット反応は、アルミニウムで金属酸化物を還元する冶金法の一つです。アルミニウムの微粉末に金属酸化物を混ぜて点火すると、極めて高温となって金属酸化物が還元され、融解した金属単体が得られます。べんがらは鉄の酸化物（Fe_2O_3）なので、還元されて鉄が得られます。生成物を水で冷やし、強力な磁石で引き付けられることを確認します。

第3章 実験してみよう

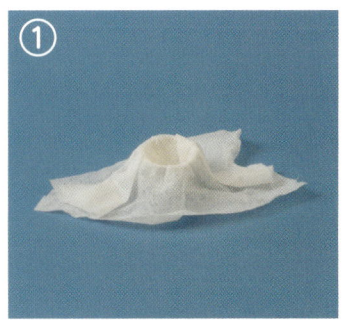

① 型として使うるつぼにウエットティッシュをかぶせます。

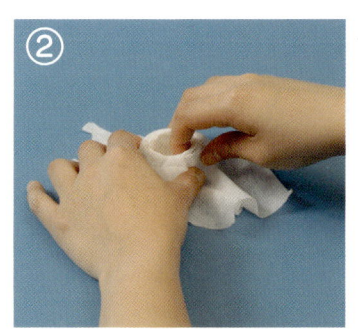

② 紙粘土20gをるつぼ内に押し付け、るつぼの型に仕上げます。

③ るつぼ型の内部にアルミホイルを穴が開かないよう気をつけて敷きます。

④ ウエットティッシュを持ち上げて、紙粘土容器を取り出します。

⑤ フィルムケースにべんがら1.5gとアルミニウム粉末0.6gを入れ、よく振って混ぜます。

⑥ 混合物をこぼさないように紙粘土の容器に入れ、表面を平らにならします。

⑦ 過マンガン酸カリウムを小さじ1〜2杯山型に盛り、中央にくぼみを作ります。

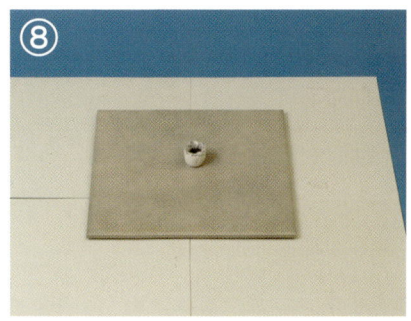

⑧ 十分な広さに耐熱板を置き、その中央に器を置きます。

⑨ 点眼びんに入れたグリセリンを2滴くぼみにたらします。

🔥 **数秒で煙が出て火柱が上がる（p.64）ので、器から離れます**

⑩ 生じた鉄は、反応直後は容器の底に赤く融けており、冷えると黒い塊になります。

⑪ るつぼばさみで容器ごと水中に入れ、冷やします。

⑫ 生成した黒い塊を取り出します。

⑬ ケースに入ったネオジム磁石を近づけて確認します。

65

3-6-2 松ぼっくりの炭で作る線香花火

POINT 松ぼっくりで作った炭を使うと、松煙を加えなくても火花の出る線香花火が作れます。和紙は薄手のものを用い、火薬はごく少量で5cmほどに均一に置き、しっかりよることがポイントです。

線香花火は、火球がうまくできると火花がきれいに現れます。

用意するもの

松ぼっくり
アルミホイル
つまようじ
カセットコンロ
金網
ガスマッチ
乳鉢と乳棒（3つずつ）
硝酸カリウム
硫黄
ふるい（3つ）
電子てんびん
フィルムケース
和紙
（薄手で丈夫な和紙を上辺1cm、下辺3cm、高さ26cmの台形に切ったもの）
ミクロさじ
耐熱板

注意！

乳鉢とふるいは必ず別々に分けて使います。混ぜてからつぶすと爆発します。

線香花火のこつ

　火薬の成分はすべてふるいに掛けた細かい粉末にして、巻く紙はごく薄い和紙を用います。混ぜた火薬は数cmの長さに均等に置き、和紙に包んで強くよります。こよりを巻くときは、できるだけ細く強く巻き、ゆるんだ所がないようにします。実際に線香花火を作る前に、こよりを作る練習をしてもよいでしょう。

　作った線香花火がうまくできていれば、点火すると、火球ができてボタンや紅葉のような火花が出ます。

第3章　実験してみよう

①松ぼっくりの炭を作る

① 松ぼっくりにつまようじを立てアルミホイルで包んでつまようじを抜きます。

② ガスコンロに金網をのせて加熱し、穴から発生する気体に火をつけます。

③ 火が消えて気体が出なくなったらコンロを止め、冷やすと炭になります。

②線香花火を作る

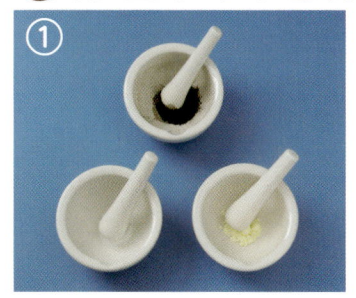

① 松ぼっくりの炭、硝酸カリウム、硫黄を別々の乳鉢ですりつぶします。

② 細かくすりつぶしたら、それぞれ別のふるいでふるいます。

③ 硝酸カリウム1.2g、硫黄0.6g、松ぼっくりの炭0.3gをフィルムケースに入れてよく混ぜます。

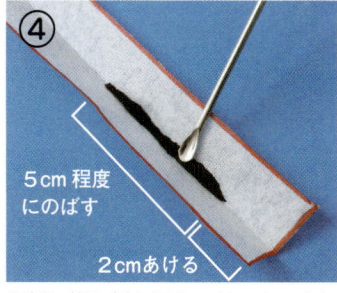

④ 和紙に縦に折り目をつけ、太い方に火薬をミクロさじ2杯ほど入れます。（5cm程度にのばす／2cmあける）

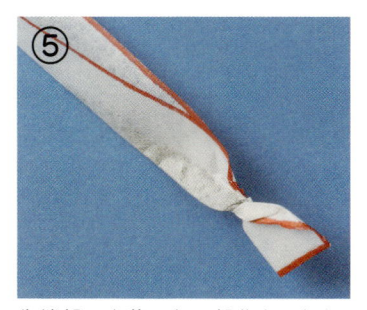

⑤ 先端部の火薬のない部分をひねり、火薬がこぼれないようにします。

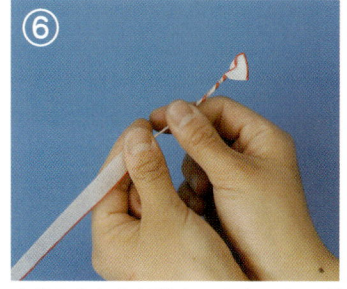

⑥ 火薬を入れた部分から上をできるだけ細く強く、よっていきます。

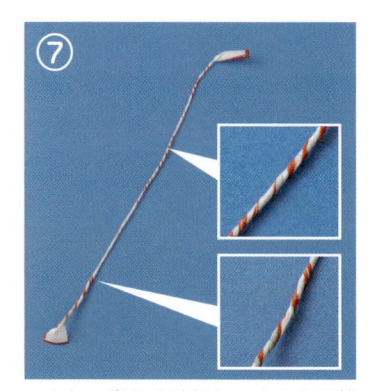

⑦ こよりの巻きを確認し、ゆるんだ箇所は再度強くより直します。

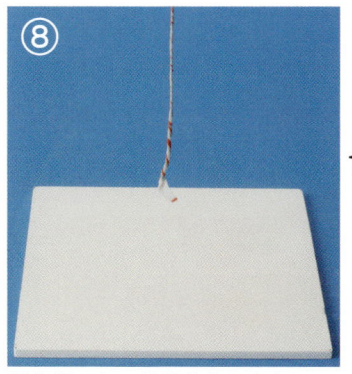

⑧ 耐熱板の上で線香花火に点火して、火花の出方を観察してみましょう。

注意！

・こよりの巻き方がゆるいと、火が燃え上がってきて危険です。

・混合して作った火薬は、すべて使い切ります。

3-7　電気めっき

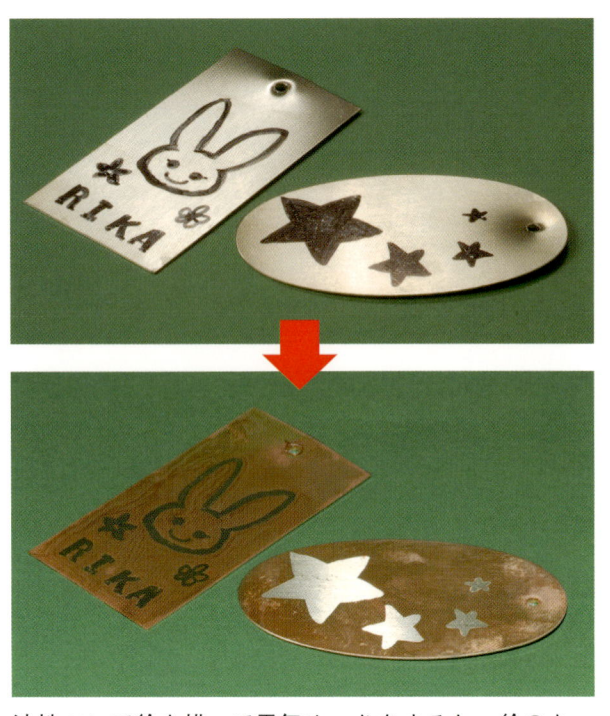

POINT　銅めっき液中につるした銅板を＋極に、油性ペンで絵を描いた洋白板を－極にして乾電池を接続して電流を流すと、洋白板に銅がめっきされます。洋白板を取り出してアセトンでインクを落とすと、銅色の地に銀色の絵が浮かび上がります。

油性ペンで絵を描いて電気めっきをすると、絵のない部分だけが銅でめっきされ、絵の部分が銀色に残ります。

用意するもの

濃硫酸
硫酸銅（Ⅱ）五水和物（結晶）
ビーカー（1L）
水
ガラス棒
銅板
洋白板
トールビーカー（100mL）
銅線で作ったフック
ミノムシクリップ付き導線
単一電池（1個）
電池ケース
ピンセット
油性ペン
クレンザー
中性洗剤
エタノール
アセトン
脱脂綿
耐熱板

めっきの原理

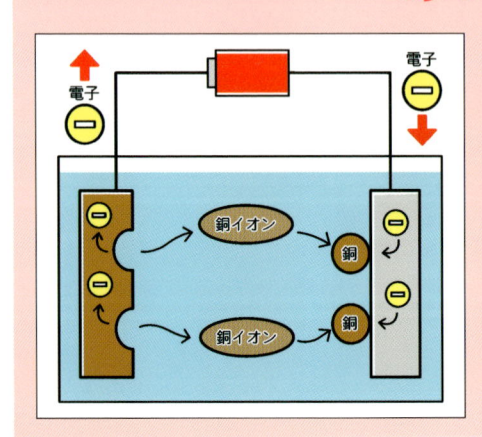

金属化合物の水溶液を電気分解すると、＋極では金属単体がイオン化して溶け出し、－極では金属イオンが還元されて金属単体となって析出します。そこで、＋極に銅板を、－極に洋白板を用いて電気分解を行うと、＋極の銅は減少し、－極の洋白板表面には銅が析出します。これがめっきの原理です。

－極に析出した金属と同量の金属が＋極から溶け出すので、めっき液は変化しません。

第3章 実験してみよう

① 濃硫酸50gと結晶硫酸銅200gを水に溶かして1Lにし、めっき液を作ります。

注意！
・濃硫酸が手や服に付かないように注意してください。
・濃硫酸を希釈するときは、下に耐熱板を敷き、水に濃硫酸を少しずつ入れます（p.40参照）。
・金属板の極を間違えると、めっき液自体が使えなくなります。銅めっきでは＋極に銅板を、－極にめっきを施す金属板（ここでは洋白板）をつるします。

② 銅板と洋白板に穴を開け、クレンザーで磨き、エタノールで油分を取ります。

③ 洋白板に油性ペンで好きな絵を描き、表面を中性洗剤で洗い流します。

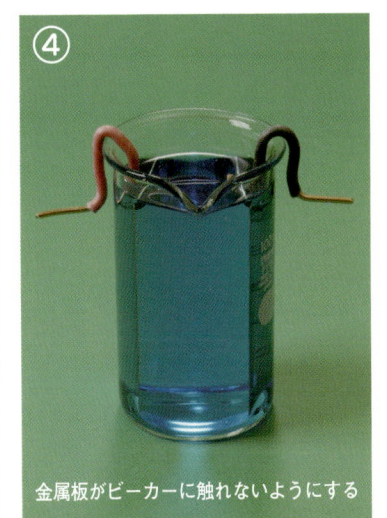

④ トールビーカーにめっき液を入れ、フックに通した金属板を掛けて入れます。
金属板がビーカーに触れないようにする

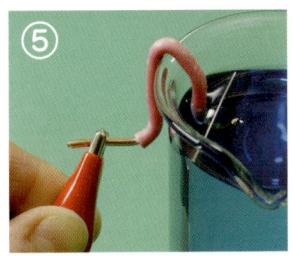

⑤ 銅板に＋極、洋白板に－極の導線を接続します。

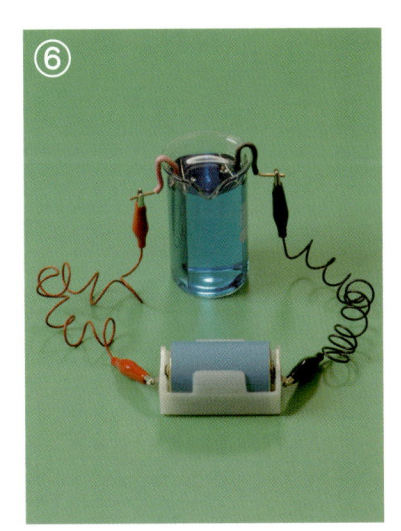

⑥ 電流を流して3分したら洋白板を裏返し、さらに2分間電流を流します。

⑦ 洋白板を水洗いし、アセトンを含ませた脱脂綿で油性インクを拭き取ります。

⑧ 洋白板を水洗いすると、油性ペンで描いた絵だけがめっきされずに残ります。

69

3-8 電池の実験

POINT 電解質の水溶液中に2種類の金属を接触させないように入れ、その金属同士で回路を作ると回路中に電流を生じます。マンガン乾電池のマンガン合剤と亜鉛も、同じようにして回路を作ると、回路中にはより安定した電流を生じます。

3-8-1 電池の原理を確かめる

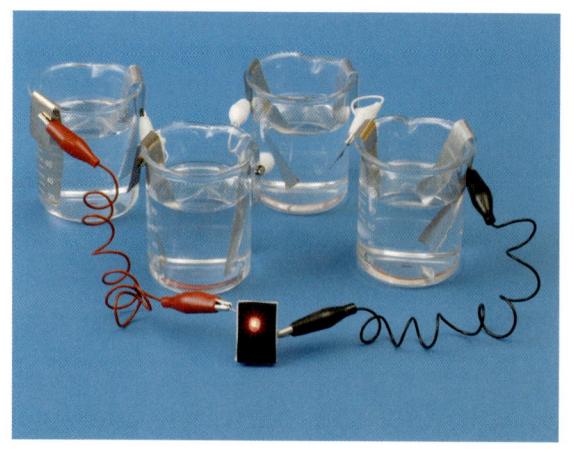

用意するもの
食塩
水
ビーカー（4つ）
銅板（4枚）
亜鉛板（4枚）
ミノムシクリップ付き導線
LED
レモン
漬物

※亜鉛板と銅板で生じる電流や電圧はごくわずかなので、複数直列につないで用います。ここでは4つ直列に用いました。

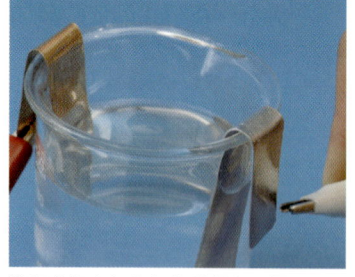

電解質溶液と2種類の金属で電池となり、食塩水と銅と亜鉛でLEDを点灯させることができます。

飽和食塩水に入れた銅板を＋極に、亜鉛板を－極につなぎ、回路を作ります。

レモン果汁も電解質となるため、食塩水の代わりに用いると電池になります。

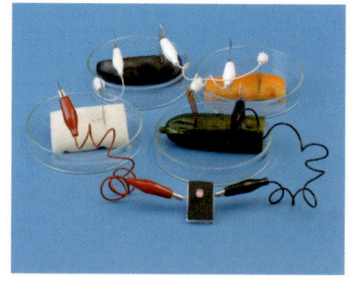

漬物も電解質となる食塩水を含むため、食塩水の代わりになります。

電池の原点　ボルタの電堆

1800年にイタリアのアレッサンドロ・ボルタによって発明された化学電池で、銅板と亜鉛板の間に食塩水を浸した布をはさんで交互に積み重ね、両端の銅板と亜鉛板を接続すると電流が得られるようになっています。金属には種類ごとに一定の電位があり、2種類の金属を電解質を隔てて接続すると、電位差によって電流を生じます。

復元模型

写真協力　国立科学博物館

第3章 実験してみよう

3-8-2 マンガン乾電池から電池の素(もと)を作る

用意するもの
マンガン乾電池(単1、新品のもの)
透析用セルロースチューブ
(水に浸して軟らかくする)
糸
ラジオペンチ　カッターナイフ
塩化アンモニウム
プラスチックの筒(セルロース
チューブの径より細いもの)
ビニール袋
薬さじ
ゴム栓のピストン
アルミホイル
ミノムシクリップ付き導線
マブチモーター(FA-130)
プロペラ

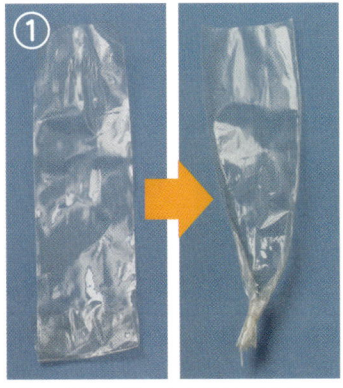

「電池の素」にアルミホイルを巻き、炭素棒に＋極を、ホイルに－極をつなぐと、モーターが勢いよく回転します。

① 15cmほどに切ったセルロースチューブの下を折り、糸でしばります。

② 電池の化粧缶の＋極側上部を巻き取り、中味を取り出して＋極側のプラスチックに切り込みを入れます。

③ ふたの部分を回しながら取り、炭素棒を引き抜き、紙に包まれた合剤を取り出します。

④ ビニール袋に合剤と飽和塩化アンモニウム水溶液10mLを入れてもんだ後、筒に8割ほど詰めます。

⑤ 筒の中の合剤をゴム栓のピストンでチューブに押し込みます。

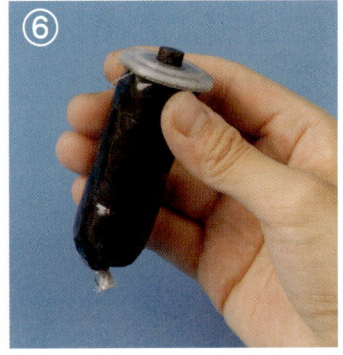

⑥ 電池の炭素棒とふたを差し込み、口を糸でしばり、湿った状態で保管します。

71

3-8-3　空気でできる電池ー備長炭電池

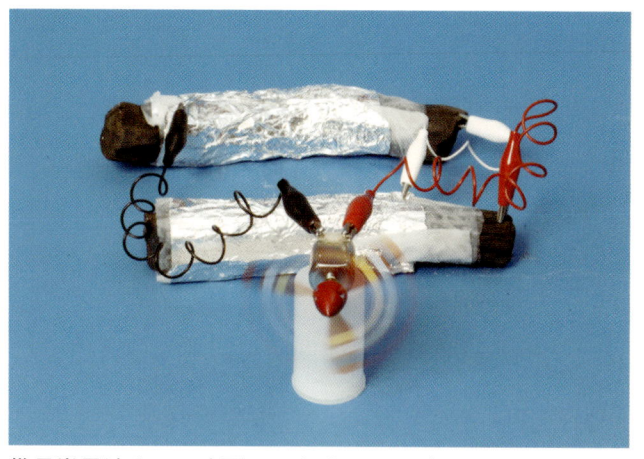

備長炭電池を2つ直列でつなぐと、マブチモーターを回転させることができました。

用意するもの

備長炭
アルミホイル
キッチンペーパー
食塩
水
ミノムシクリップ付き導線
マブチモーター（FA-130）
プロペラ

① アルミホイルに飽和食塩水でぬらしたキッチンペーパーを重ねます。 
キッチンペーパーはアルミホイルより大きめの物を使うこと。

② 備長炭にアルミホイルが触れないようにしっかり巻き付けます。

③ 備長炭を＋極に、アルミホイルを－極につなぎます。

どうして炭が電池に？

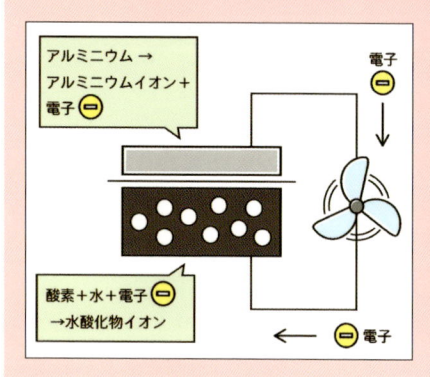

炭の成分である黒鉛は電気を通し、内部には空気を含む微少空間がたくさんあります。この炭に食塩水を浸した紙を巻き、その上からアルミホイルを巻くと、酸素とアルミホイルの間に電位差が生まれ、アルミホイルと炭をリード線で接続すると電流が流れるのです。

電池用の炭として備長炭が優れているのは、より黒鉛に近くて電気がよく流れるからです。

アルミニウム →
アルミニウムイオン＋
電子 ⊖

電子 ⊖

酸素＋水＋電子 ⊖
→水酸化物イオン

← ⊖ 電子

第4章

実験中の事故の予防と対処

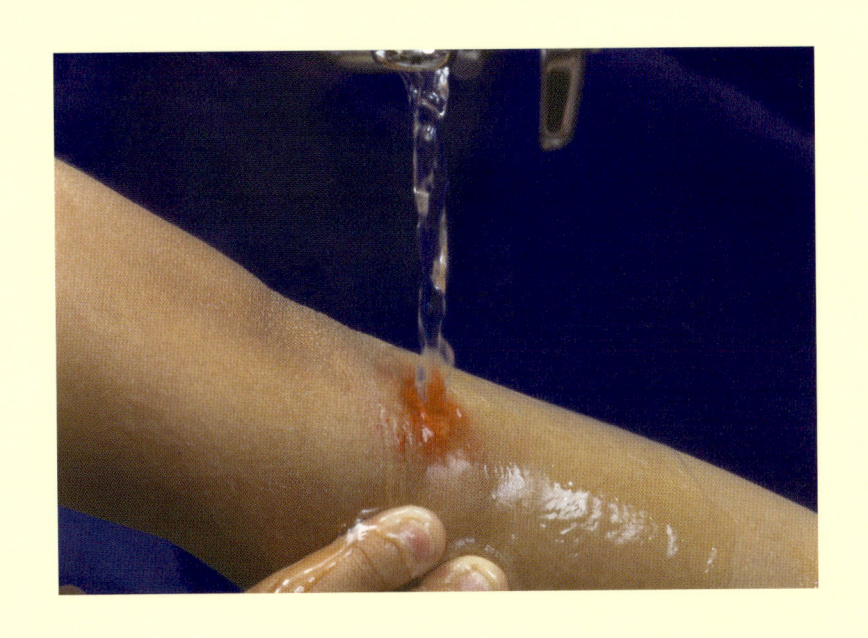

4-1 事故を防ぐために

4-1-1 児童生徒への安全教育

児童生徒に教えておくべきこと

押さない・ふざけない

あわてない・あせらない

実験中にその場を離れない

器具は正しく大事に扱う

人に向けない

　これらの注意は、実験の前によく徹底しておきます。実験中に事故が起こった場合は、自分の判断で処置をせずすぐに知らせるよう教えておくのも、安全のためには大切です。

4-1-2 災害への備え

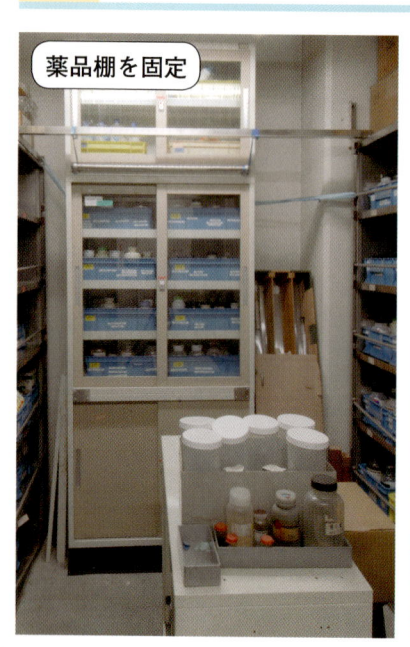

薬品棚を固定

ネットや棒で落下防止

ケースに入れる

　地震等の災害時に最も懸念されるのは、保管している試薬の落下・破損による二次災害です。割れないように試薬びんにネットをかけたり、ケースに入れたりして保管します。また、万一試薬びんが破損しても、互いに反応しない組み合わせで並べて保管することも重要です。

　棚には落下防止の棒を付け、薬品庫は柱や壁に固定し、扉は常に閉めておくという注意も必要です。

4-1-3　実験中に起きた事故の事例

事故の種類	発生時	状　　況
ガラス器具の損傷	2008年	高等学校において、ガラス細工をした後、片付けの際、使い終わったガラス棒を洗おうとして右手で握ったところ割れてしまい、右手の人さし指の付け根部分を深く切った。 [学校事故事例検索データベースより]
アルコールランプの引火	2005年	小学校で理科の実験中、鉄製スタンドに取り付けた試験管をさらに火元に近づけようとした際、誤ってアルコールランプを倒し、ランプの芯が外れ、炎が飛んで衣服に引火し、やけどを負った。 [学校事故事例検索データベースより]
アルコールランプの引火	2011年	小学校教諭が理科の授業中に、アルコールランプの火の消し方を指導する際、教卓周辺に児童を集め、児童に火を向ける形でランプを倒した。児童の方に流れたアルコールに火が移り、前列にいた女児の顔に炎が触れ、大やけどを負った。 [神奈川新聞2012年2月3日記事より]
爆発事故	2006年	中学校で選択理科の授業中、ジュースを作っていて、ペットボトルにドライアイスとソーダ水を入れ、振って混ぜていたところ、突然ペットボトルが爆発し、ペットボトルの破片が目に飛んできてけがをした。 [学校事故事例検索データベースより]
爆発事故	2012年	小学校の理科準備室で爆発事故が発生。アルコールランプ付近が激しく燃えており、近くにあったカセットコンロ用ガスボンベがほぼ全て破裂していたことから、完全に消火されないまま片付けられたアルコールランプから出火し、ボンベに引火して爆発につながった可能性があるとみられる。　[産經新聞2012年1月26日記事より]
爆発事故	2012年	中学校の理科室で、フラスコ内で水素を発生させる実験をしていたところ、フラスコにつながったガラス管の先端に誤ってライターの火を近づけ、フラスコが破裂。生徒が手を切るけがを負ったり、頭痛を訴えたりした。 [中国新聞2012年3月16日記事より]

※この欄に掲載した事例は、学校事故事例検索データベース（http://naash.go.jp/anzen/anzen_school/tabid/822/Default.aspx）および新聞記事より引用しました。

4-2　事故が起きた場合の応急手当

4-2-1　傷の手当

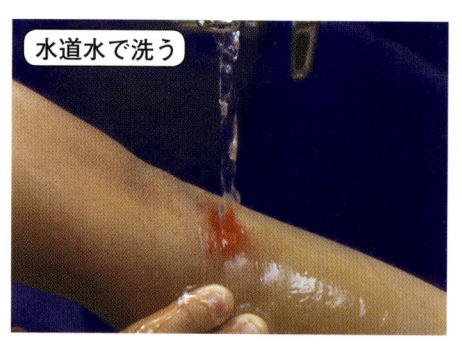

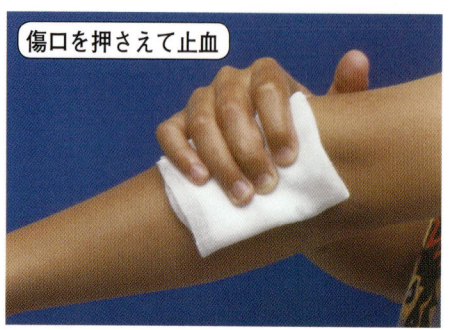

水道水で洗う

浅い傷は水道水で洗って圧迫止血をする

①傷口やその周辺を水道水で洗い流します。このとき、付着したや薬品などを落とし、破損した器具の破片なども除去します。
②ガーゼや清潔なハンカチなどで傷口を押さえて止血をします。ティッシュは不可。
③保健室に行き、ばんそうこうなどで傷を保護します。

傷口を押さえて止血

深く出血の多い傷は手当と同時に119番へ通報

①ガーゼや清潔なハンカチなどで傷口を強く押さえ、止血をします。ティッシュは不可。
②包帯などがあれば巻いてガーゼを固定します。
③傷口を心臓よりも高く上げて止血をします。
※異物が刺さったら、抜かないで異物を両側から固定するなどして、病院へ搬送します。

4-2-2　やけどをしたとき

水道水で流す

やけどをしたらすぐに冷やす

①水道水を流すか、氷水につけてやけどの部位を冷やし、痛みが軽くなるまで続けます。熱による細胞の壊死(え)を防ぐためです。
②衣服は無理に脱がさず、着たまま冷やします。
③痛みが軽くなったら保健室に行き、ばんそうこうなどで傷を保護します。

着たまま冷やす

※広範囲のやけどや皮膚が焦げたり白くなったりしたときは、医療機関で正しい処置を受けます。
※水ぶくれができたときも、厚めのガーゼを当てて傷を保護して、医療機関で正しい処置を受けます。

第4章　実験中の事故の予防と対処

4-2-3　試薬が体に付いたとき

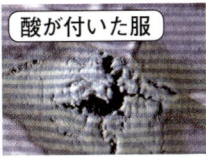

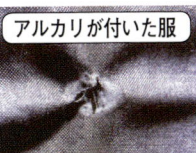

（写真：手を洗う／目を洗う／服の上から洗う／酸が付いた服／アルカリが付いた服）

試薬が付いたらすぐに水道水で洗い流す

- 試薬が体に付いたら、すぐに水道水で洗い流し、服に付いたら服の上から水道水を掛けて洗い流します。目に付いたら、目洗い器で洗い流します。
- 水酸化ナトリウムが皮膚に付くと、表皮のタンパク質を溶かすためにぬるぬるしますが、酸で洗うと中和されてすぐに落ちます。洗う酸は、食酢でもよいのですが、シュウ酸やクエン酸などを少量用いれば臭いません。
- 塩酸・硫酸・アンモニア水・過酸化水素水などが付いた場合も、すぐに水道水で洗い流します。

4-2-4　事故発生時の対応

発生　児童生徒からすぐに教員に知らせる
↓
対応
- 事故の拡大を防ぐ
  ・実験の中止
  ・ほかの児童生徒を落ち着かせる
  ・必要ならば避難の指示
- 児童生徒の応急手当 → 保健室へ

↓
連絡
- （必要であれば）医療機関に連絡
- 管理職に連絡
- 保護者に連絡

↓
事後
- 記録・報告
- 児童生徒へのアフターケア

児童生徒に「すぐに知らせる」ことを周知

　事故が起こったとき、とっさに「怒られることを恐れる」という心理が、児童生徒に働きます。事故対応は、早く行えば、それだけ事故の拡大も防げるし、本人の傷も経過が軽く済みます。

　そこで、事故が発生した場合は、とにかくすぐに知らせるように児童生徒に徹底しておき、初期の対応（応急手当等）をきちんと取ったうえで、保健室・医務室に行かせて処置させます。

　なによりも冷静な対応と、その後の後始末をきちんと行い、児童生徒の動揺を最小限に抑えることが重要です。

索 引

【ア行】

アートボックス	19
亜鉛	32,47,50,51,70
アセトン	35,68,69
圧迫止血	76
アボガドロ定数	39
アルカリ	26,31,39,43,60,63,77
アルカリ性	33,34,36,37,43,44,60,63
アルコールランプ	14,15,20,35,58,75
アルミケース	28
アルミニウム	32,47,64
アルミホイル	46,47,58,64,65,66,67,71,72
安全メガネ（安全ゴーグル）	7,33
アンモニア	36
アンモニア水	33,41,42
硫黄	14,66,67
1気圧	21,39
引火	6,35,75
引火性	4,35
上皿てんびん	10,11
液切れ	12
エタノール	21,23,32,35,43,62,68,69
塩	31,34,46
塩化アンモニウム	71
塩化カリウム	48
塩化カルシウム	48
塩化水素（HCl）	32
塩化水素ガス	32,40,41
塩化ストロンチウム	48,49
塩化セシウム	48
塩化銅（Ⅱ）	48,49
塩化ナトリウム	48,49
塩化バリウム	48
塩化リチウム	48
塩化ルビジウム	48
塩酸	26,32,36,40
炎色反応	48
応急手当	6,76,77

【カ行】

化学反応式	38,39
化学やけど	4,43
過酸化水素水（オキシドール）	43,55
ガスバーナー	14,16,17
下方置換	54
過マンガン酸カリウム	64,65
火薬	66,67
ガラス管	24,50,52,53,54,55
ガラス棒	22,30,31,68
還元	64
還元作用	42
希アンモニア水	41
希塩酸	40,41,46,47,54,60,61
ギ酸	33
キシレン	35
気体誘導管	25
規定度［N］	39,40,41
牛乳パック	28
凝固点	32
魚尾灯	24
希硫酸	31,32,40,50,51
銀イオン	33
銀鏡反応	42
金属イオン	46,68
金属元素	31,48,49
グリセリン	64,65
劇物	4,40,41,42,43
結晶	20,34,46
結晶水	34
公差	8,9
駒込ピペット	8,9,62
ゴム管	54,55,58,59
ゴム栓	25,52,53,71
コルクボーラー	25
コロイド	22

【サ行】

再結晶	28,34,46
最小目盛	8,9
酢酸	32,34
酸	26,31,33,39,60
酸化	64
三角架	19
酸化作用	32,43
酸化性	4
酸化鉄	64
三脚	15,18,58
酸性	32,36,37,43,44,54,60,61,62
酸素	31,55
式量	39
刺激性	4
試験管	26,27,30,46,52,53,58,59,60,61
指示薬	36,37,43,44,62,63
質量	10
試薬	6,7,27,30,31,32,33,34,36,37,39,40,43,74,77
重金属イオン	26
重曹	33,63
重量	10
純水	9,22
昇華	56,57
蒸気圧	21
硝酸	26,32
硝酸カリウム	14,66,67
硝酸銀	37,42
消石灰	33
蒸発	20,32
蒸留	21
食塩	20,58,59,70,72
触媒	55
水酸化カルシウム	33,43
水酸化ナトリウム	31,33,34,39,41
水酸化ナトリウム水溶液	41
水酸化物	31
水上置換	54,55
水素	31,32,47,50,51,52,53
水和水	34
スチールウール	55
スペクトル	48,49
精製	21
石英ウール	48,49
析出	20,34,46,47
赤リン	14